AF316498

LETTRES

SUR

LA CONSTITUTION

DE 1852

LETTRES

SUR

LA CONSTITUTION

DE 1852

PARIS. — IMPRIMERIE GÉNÉRALE DE CH. LAHURE
Rue de Fleurus, 9

LETTRES

SUR

LA CONSTITUTION

DE 1852

LA FRANCE COMPARÉE A L'ANGLETERRE

PAR

C. LATOUR DU MOULIN

DÉPUTÉ AU CORPS LÉGISLATIF

« Statuo esse optime constitutam rempublicam,
quæ ex tribus generibus illis : regali, optimo et
populari MODICE confusa. »

CICÉRON.

QUATRIÈME ÉDITION
REVUE ET AUGMENTÉE

PARIS

L. HACHETTE ET Cⁱᵉ, ÉDITEURS | AMYOT, ÉDITEUR
BOULEVARD SAINT-GERMAIN, 77 | RUE DE LA PAIX, 8

1864

Divers décrets qui ont paru depuis la dernière édition des LETTRES SUR LA CONSTITUTION DE 1852 — notamment ceux qui sont relatifs à la suppression des Ministres sans portefeuille, à des modifications dans l'organisation intérieure du conseil d'État, et à une certaine réglementation du droit de pétition — ont nécessité, de la part de M. Latour du Moulin, quelques additions, spéciales à l'édition actuelle. Cette édition, revue avec le plus grand soin, contient aussi quelques documents nouveaux sur le budget et les conditions électorales de la France et de l'Angleterre.

(Note des éditeurs de la quatrième édition.)

PRÉFACE

DE LA DEUXIÈME ÉDITION.

L'accueil bienveillant qui a été fait à mes
Lettres sur la Constitution de 1852 m'a engagé à
publier cette seconde édition. — Elle forme, en
quelque sorte, un nouvel ouvrage par les développements que je lui ai donnés. — Je ne me
suis pas borné à faire précéder mes premières
Lettres d'une Introduction historique et à les
faire suivre d'un Appendice contenant un exposé plus détaillé de l'organisation politique et
financière de l'Angleterre et des étrangetés de
cette organisation; j'ai revu avec soin chacune

d'elles et je les ai complétées par des observations et par des notes qui ne se trouvent pas
dans l'édition de l'année dernière. — Mais ce
qui s'est passé depuis un an, loin de modifier
mes convictions, les a confirmées. — Si j'ai
parfois ajouté au texte, du moins n'ai-je rien
supprimé.

C. Latour du Moulin.

Octobre 1862.

A M***

INTRODUCTION HISTORIQUE.

L'étude simultanée de la Constitution de deux grands peuples voisins, sans cesse en contact soit comme ennemis, soit comme alliés, et dont les institutions si différentes à tant d'égards ont cependant de nombreuses analogies, offre d'utiles enseignements. Mais, pour bien comprendre la cause de ces rapports et de ces différences, et avant d'en tirer des inductions pratiques, il faut jeter un rapide coup d'œil sur l'histoire des deux pays. Le lien qui continue d'unir le présent au passé, en dépit des révolutions politiques et morales, est tel qu'un examen sommaire de l'origine des sociétés modernes est indispensable à l'appréciation exacte de leurs institutions actuelles.

I

Lorsque, pour la première fois, les Romains, sous la conduite de César, pénétrèrent dans le cœur même de la Gaule et s'avancèrent jusqu'aux régions du Nord et jusqu'à l'île qu'ils nommaient Bretagne, ils trouvèrent établis dans ces climats, qui paraissaient si sombres et si tristes à des hommes habitués au soleil et au ciel de l'Italie, des barbares depuis longtemps en possession du pays qu'ils habitaient et dont les ancêtres avaient fait trembler Rome. A une époque très-difficile à préciser, l'Orient, berceau des nations, avait dirigé vers les régions septentrionales des peuplades qui, par des migrations successives, atteignirent le grand Océan, limite de l'ancien monde. Isolés, depuis des siècles, dans leurs solitudes et dans leurs forêts, les Gaëls, que les Grecs avaient appelés Celtes et que les Romains nommèrent Gaulois, avaient une langue, une religion, des mœurs qui leur étaient propres. Renouvelés, vers la fin du sixième siècle avant l'ère chrétienne, par l'invasion kymris qui avait poussé vers l'Italie les hordes redoutables de Bellovèse, les Gaulois, ceux du moins que le voisinage de la province romaine n'avait pas civilisés et amollis, avaient conservé leurs anciennes coutumes et leurs anciennes vertus[1]. Une religion mystérieuse et sévère leur inspirait la bravoure et le mépris de la vie. Leur gouvernement était sacerdotal: les druides élisaient un des leurs pour exercer, pendant sa vie, l'autorité souveraine[2]; ils ne la lui déléguaient cependant pas tout entière, mais en réservaient une grande part à l'assemblée, ou assises, que leur ordre tenait chaque

---

1. César, *De bello gallico*, l. I, c. 1; l. VI, c. XI et suivants.
2. *Ibid.*, l. VI, c. XIII.

année dans le pays des Carnutes[1]. Quelle que fût d'ailleurs la puissance des druides, elle s'appuyait plutôt sur l'opinion et la superstition des peuples que sur la force matérielle. Celle-ci était entre les mains de ces chefs de guerriers que César appelle *Equites*, qui attiraient et ralliaient autour d'eux, par la célébrité de leur race ou la renommée de leurs exploits, d'autres guerriers qui s'engageaient à les servir et leur formaient une sorte de clientèle très-propre à les faire respecter[2].

La même race habitait la Bretagne. Elle avait la même religion[3], parlait presque la même langue[4]; et dans le pays de Kent, le plus civilisé de l'île, les mœurs des Bretons différaient peu de celles des Gaulois[5]. — Elles étaient aussi celles des peuples de l'Hibernie[6].

En résumé, au delà de l'océan Britannique se retrouvait le même peuple que dans la Gaule, avec

1. César, *De bello gallico*, l. VI, c. XIII.
2. *Ibid.*, l. VI, c. XV.
3. *Ibid.*, l. VI, c. XIII; Tacite, *Vie d'Agricola*, c. II.
4. Tacite, *Vie d'Agricola*, c. XII.
5. César, *De bello gallico*, l. V, c. XIV.
6. Tacite, *Vie d'Agricola*, c. XXIV.

cette différence que le contact de Rome et des barbares du continent avait amolli ou changé les Gaulois, tandis que les Bretons, séparés du reste du monde, avaient plus fidèlement conservé leurs traditions religieuses[1] et leur rudesse primitive. — La domination romaine, longtemps et solidement établie dans les Gaules, finit par effacer les traditions et par changer les mœurs : les Gaulois devinrent Romains. Dans une grande partie de la Gaule, les derniers vestiges de l'ancienne nationalité disparurent, la langue même fut oubliée. — La Bretagne ne subit que plus tard le joug de Rome, auquel ses courageux habitants auraient sans doute échappé par la force de leurs armes, si, morcelés qu'ils étaient en petites cités ou tribus, dont chacune aimait à se renfermer dans son individualité, ils avaient su plus tôt se réunir contre l'ennemi commun[2]. Vaincus enfin par les légions romaines, les Bretons, soumis jusqu'à l'obéissance mais non jusqu'à l'esclavage[3], ne prirent pas avec une égale facilité les mœurs des vainqueurs. Les efforts des

---

1. César, *De bello gallico*, l. VI, c. XIII.
2. Tacite, *Vie d'Agricola*, c. XII.
3. *Ibid.*, c. XIII.

gouverneurs romains pour les amollir en leur donnant les habitudes romaines, en instruisant leur jeu-
nesse dans les arts libéraux, en répandant dans le
pays la civilisation, le luxe et les vices de Rome[1], ne
parvinrent qu'à polir les mœurs et à abattre le caractère guerrier de la nation, sans faire complétement
disparaître chez elle les anciens souvenirs, et sans en
faire un peuple de Romains. — Quant à l'Hibernie,
les Romains n'y pénétrèrent jamais, bien que les
gouverneurs de la Bretagne s'imaginassent que la
conquête en serait facile[2].

Nous sommes loin aujourd'hui de Teutatès et des
druides, loin de ces peuplades sauvages qui se cou-
vraient de peaux de bêtes, laissaient croître leur che-
velure et se tatouaient de bleu pour paraître plus
redoutables dans les combats[3]. Aujourd'hui encore,
néanmoins, la race gaëlique forme un élément presque distinct chez les deux nations que je vais étudier,
une race à part que le temps a profondément modi-

---

1. Tacite, *Vie d'Agricola*, c. XXI.
2. *Ibid.*, c. XXIV.
3. César, *De bello gallico*.

fiée sans doute, mais dont il a en partie respecté la langue et l'originalité. Chassée de la Bretagne romaine par l'invasion saxonne, elle s'est réfugiée derrière les montagnes du Cornwall, dans certaines parties de l'Écosse et jusque sur le sol que le mariage de Charles VIII et celui de Louis XII réunirent à la France. Les anciens Gaëls n'ont pas cessé de couvrir, sinon de posséder l'Irlande. La conquête et l'oppression les ont abattus sans les changer, ou du moins sans altérer leur caractère. Religieux, forts et patients, fermement attachés aux traditions, les Bretons sont restés, soit dans le Cornwall soit dans notre Bretagne, un peuple isolé par ses mœurs; en Irlande, ils forment encore un peuple isolé par ses lois.

En France, l'empreinte de la civilisation et des institutions romaines ne s'est jamais entièrement effacée.

Lorsqu'elle achevait la conquête de la Gaule et commençait à absorber en elle, par la puissance de ses lois, la nationalité gauloise, Rome conservait encore, à l'égard des nations conquises, les traditions de la république. Pendant qu'elle contraignait les peuples à l'obéissance, elle se bornait à faire vivre sous son égide une multitude de municipalités auxquelles elle laissait, d'ordinaire, leur vie propre et la somme de liberté qu'approuvaient sa prudence et sa politique. — L'accroissement du territoire romain et l'augmentation du nombre des citoyens rendirent la centralisation de plus en plus nécessaire. — Il n'entre pas dans ma pensée de suivre Rome, dominatrice des Gaules, dans les phases diverses de son organisation et de sa puissance, lorsque, tendant sans cesse vers l'unité, elle s'efforçait d'abaisser tous les pouvoirs devant l'autorité impériale. Il me suffira de vous indiquer quelles étaient les institutions de la Gaule romaine au moment où les barbares, ce troisième et dernier élément des peuples que je me propose d'étudier, s'avancèrent à leur tour sur la scène du monde.

Il ne faut pas chercher alors la moindre trace d'organisation politique. A mesure que les municipalités s'incorporèrent dans le monde romain, les droits qui constituent la souveraineté sortirent de chaque ville

pour aller se concentrer à Rome[1]. — Les institutions
de l'Empire étaient toutes administratives. La préfecture des Gaules se divisait en trois diocèses : les
Gaules proprement dites, l'île de Bretagne, et l'His-
panie. Le préfet du prétoire, lieutenant et représentant de l'Empereur, avait lui-même un lieutenant ou
vicaire dans chaque diocèse. Le diocèse se partageait
en provinces, administrées par un président ou rec-
teur, décoré quelquefois du titre de consulaire; celui
des Gaules renfermait dix-sept provinces, le diocèse
de Bretagne en renfermait cinq. Chaque province
se subdivisait en cités ou cantons (*civitates*). — Tout
le pouvoir civil était exercé soit par les magistrats que je viens de vous nommer, ou leurs officiers, soit par les magistrats des cités. — Le pouvoir militaire, distinct du pouvoir civil, était confié, dans les diocèses, à un maître de la milice
ayant sous ses ordres des comtes qui comman-
daient les troupes d'une ou de plusieurs provinces.

Dans l'ordre civil, les attributions des officiers im-

____

1. Guizot, *Histoire de la civilisation en Europe*, c. VII.

périaux comprenaient l'administration générale et la justice, exercées l'une et l'autre au nom de l'Empereur investi, en droit, d'une souveraineté presque absolue. Fort considérable dès le principe, l'autorité de ces officiers ne fit que s'accroître avec le temps. Cependant le souvenir des assemblées nationales de la Gaule, dont l'habileté de Jules César et d'Auguste avait su tirer parti, ne s'effaça pas; il se conserva dans le conseil provincial que réunissait quelquefois le président de la province pour délibérer sur les intérêts administratifs du pays, mais tellement affaibli qu'il était impuissant à balancer l'influence et l'autorité gouvernementales. Pour les affaires judiciaires, le président avait sa cour provinciale, dans laquelle il prononçait les jugements avec le concours ou par l'organe de ses assesseurs, de son *comitatus*.

Au-dessous de l'administration centrale et de ses agents directs, dans une sphère qui se rétrécissait tous les jours, mais qui ne cessa pas d'exister, se retrouvait la cité avec son organisation propre et ses magistrats particuliers. La cité n'était pas seulement une ville, c'était la transformation de la tribu gauloise, devenue, sous la domination romaine, l'unité territoriale et administrative de l'empire; outre la ville proprement dite, la cité comprenait encore des villes inférieures, des bourgs (*vici*), et un district rural qui se subdivisait en cantons (*pagi*)[1]. Les dix-sept provinces du diocèse des Gaules renfermaient cent quinze cités.

Dans certaines parties de la Gaule, l'ancien système gaulois se maintint dans l'organisation de la cité; le sénat aristocratique qui se substitua à la noblesse sacerdotale et guerrière des vieilles assemblées gaéliques n'en fut que la continuation amoindrie et dominée par la suprématie romaine. Ce mode d'administration locale se maintint surtout parmi les peuples auxquels Jules César et Auguste avaient concédé les titres de libres et d'alliés, chez les Bituriges, chez les Arvernes, qui, du temps de Sidoine Apollinaire, n'avaient pas encore oublié leur vieil idiome celtique.

L'île de Bretagne aussi, que son attachement aux anciens usages, la mer et la distance défendirent mieux

---

1. Adrien de Valois, *Notitia Galliarum*, p. 446.

contre l'invasion des principes romains, paraît avoir retenu, même sous la domination des Empereurs, une grande partie de ses libertés locales et l'organisation aristocratique de ses cités[1].

Au midi de la Gaule, dans les Narbonnaises et les Aquitaines, le système romain prévalut au contraire dans la cité; elle n'est plus la tribu, mais le municipe; ce n'est pas l'image du gouvernement gaélique, c'est l'image de Rome. La curie, assemblée des citoyens propriétaires de vingt-cinq *jugera* (arpents), nomme les magistrats de la cité; les principaux de ces magistrats sont les duumvirs ou consuls, ou bien les quatuorvirs, magistrats annuels investis de pouvoirs analogues à ceux qu'exercent à Rome les consuls et les préteurs, ayant, au premier degré, juridiction civile et criminelle. Le *curator*, aussi nommé *quinquennalis* parce qu'il doit exercer ses fonctions pendant cinq ans, a la surveillance générale des mœurs, veille aux approvisionnements, est chargé de la gestion des terres du domaine

---

1. Hume and Lingard, *History of England*, et *The history of boroughs*, by Alworth Merewether.

public; aux édiles appartient la police et le soin des édifices. — La cité n'a pas seulement des assemblées générales et des magistrats ; les questions qui intéressent son administration sont traitées publiquement dans le sénat des décurions, composé de trois éléments : les premiers inscrits sur l'album ou livre de la curie, les membres élus par la curie, les anciens dignitaires de la curie.

Ailleurs, et plus particulièrement dans le nord et dans l'ouest de la Gaule, le système gaulois et le système romain se mêlent l'un à l'autre : à l'élément indigène et aristocratique se joint le produit de l'élection ; le sénat, ou conseil de la cité, se compose et de la noblesse et d'un certain nombre de décurions élus par la curie, collection d'électeurs censitaires comme dans les cités romaines. Dix membres de la curie sont chargés de l'administration active. A la différence des cités purement romaines, qui jouissaient du *jus italicum*, et des cités purement gauloises qui possédaient un droit analogue, celles dans lesquelles prévalait le système mixte n'avaient pas juridiction au premier degré ; les fonctions judiciaires y étaient exercées par les lieutenants du président de la province.

Au milieu de ces variétés d'organisation, un résul·
tat était commun : la libre administration de la cité
et de son territoire[1]. Partout la curie, avec le concours de son sénat, et sous le contrôle des officiers
impériaux, avait le droit de faire des décrets obligatoires sur les matières touchant aux intérêts de
la cité[2].

Les relations de la cité avec les officiers de l'Empire concernaient surtout la répartition, la perception
et la responsabilité des impôts. Vers la fin du quatrième siècle, ce lien devint fatal aux administrations municipales et à l'administration impériale
elle-même. Les barbares assiégeaient les frontières.
Il fallait les repousser ou les soudoyer. Le gouvernement impérial voyait augmenter ses besoins en
même temps que se tarissaient les sources où il
aurait pu puiser. Les institutions destinées, dans l'origine, à protéger la liberté se transformèrent et ne
furent plus qu'un instrument au service du fisc. —
Les magistrats, tenus de faire l'avance d'impôts

1. Laferrière, *Histoire du droit*, t. II, p. 245.
2. *Digeste*, liv. L, titre IX, loi 2 et suiv.

dans lesquels ils ne devaient pas rentrer, se trouvèrent dans une situation déplorable; la curie devint une prison dont on ne permit plus de sortir; les dignités de la cité, fardeau ruineux que personne ne voulait plus porter, furent imposées aux premiers inscrits sur l'album de la curie. — L'oppression sous laquelle gémissaient les provinces amena entre les différentes parties de l'Empire une triste uniformité qui se retrouve jusque dans le nom des magistrats; désignés alors presque partout sous le seul nom de *curiales*. — Tout se concentrait dans les bureaux du préfet du prétoire et de ses vicaires, où se trouvaient réunies, comme dans nos grandes administrations modernes, plusieurs centaines d'employés.

En 365, à l'époque où commençait la décadence des cités, Valentinien institua leur défenseur. Élu pour cinq ans, dans des assemblées comprenant tout le peuple, tant les membres de la curie que les hommes libres qui n'en faisaient pas partie, ce magistrat devait défendre, contre le président même de la province, le peuple qui l'avait nommé. Le défenseur de la cité devait être choisi hors de la curie : de là l'usage qui prévalut bientôt de confier ces fonctions à l'évêque, que sa dignité exemptait de la servitude de la curie, et dont le caractère et l'influence assuraient aux populations la protection la moins inefficace. Le défenseur de la cité avait juridiction en premier ressort; cette juridiction municipale, exercée par l'évêque lorsque les fonctions de défenseur lui étaient confiées, ne contribua pas peu à fonder et à étendre la juridiction ecclésiastique.

Les cités déclinaient, mais les corporations d'arts et de métiers et les corporations de marchands se formaient et s'affermissaient. Elles avaient à leur tête des syndics élus par elles et se choisissaient, comme les villes, un défenseur qui souvent aussi était l'évêque.

L'Empire romain s'efforçait en vain de prolonger son agonie. Menacé de toutes parts, serré de près par des peuples guerriers avides de conquêtes, il allait enfin succomber. Dès 411, Honorius rappelle les légions de la Bretagne; l'administration de Rome disparaît avec ses armées. Dans la Gaule, l'administration supérieure, chassée de Trèves, se réfugie à Arles; elle n'y doit pas demeurer longtemps. — Contenus jusque-là par la puissance romaine, les barbares rompent enfin les digues que Rome leur opposait, et se répandent sur l'Empire.

Les peuples qui habitaient cette partie de l'Europe que borne au midi le Danube, et le Rhin au couchant, étaient, depuis les conquêtes de César, connus des Romains sous le nom de Germains ou hommes de guerre. Errant presque nus dans de vastes forêts, les épaules et la poitrine à peine couvertes d'une saie grossière[1], ignorant l'agriculture et la propriété même[2], ces hommes à la haute taille, aux cheveux blonds, aux yeux bleus, au regard empreint d'une sauvage fierté, dont le nombre était immense, mais dont l'aspect physique non moins que les mœurs accusaient l'origine commune[3], ne vivaient que pour la

1. César, *De bello gallico*, l. VI, c. xxi.
2. Tacite, *De moribus Germanorum*, c. iv et xvii; César, *De bello gallico*, l. VI, c. xxii.
3 Tacite, *De moribus Germanorum*, c. iv.

chasse et pour la guerre[1], dédaignant d'acquérir au prix de leur sueur ce qu'ils pouvaient obtenir au prix de leur sang[2]. Les Gaulois, qui les avaient jadis surpassés en courage, reconnaissaient, du temps de César, la supériorité de leurs farouches voisins[3].

Les Germains n'habitaient pas de villes[4]; ils se faisaient gloire d'entourer de déserts les campements de leurs tribus[5]. Ils avaient des esclaves, mais ils n'exigeaient d'eux que ce que l'on a coutume d'exiger d'un colon, des troupeaux, des saies, ou du blé[6] qu'ils avaient soin d'enfouir dans des silos[7]. Leur premier instinct était l'indépendance; leurs principales vertus, la chasteté[8] et le courage; leurs plus grands vices, l'ivrognerie, qui n'avait chez eux rien de répréhensible[9], et le jeu, auquel ils se livraient

1. César, *De bello gallico*, l. VI, c. XXI.
2. Tacite, *De moribus Germanorum*, c. XIV.
3. César, *De bello gallico*, l. VI, c. XXIV.
4. Tacite, *De moribus Germanorum*, c. XVI.
5. César, *De bello gallico*, l. VI, c. XXIII.
6. Tacite, *De moribus Germanorum*, c. XXV.
7. *Ibid.*, c. XVI.
8. César, *De bello gallico*, l. VI, c. XXI; Tacite, *De moribus Germanorum*, c. XVIII et XIX.
9. Tacite, *De moribus Germanorum*, c. XXII.

avec une ardeur effrénée[1], bien que l'usage de l'argent leur fût presque inconnu[2]. Leur religion était simple, grande et terrible : ils ignoraient les mystères et la philosophie des anciens Gaëls; ils n'avaient pas de druides[3]; ils n'emprisonnaient pas les Dieux dans des temples; mais, consacrant à leurs divinités guerrières les sombres profondeurs des forêts, ils croyaient, en y pénétrant, sentir l'inspiration du Dieu dont l'esprit y habitait[4]. Ils attribuaient aux femmes quelque chose de divin et de prophétique, et ne dédaignaient pas de demander et de suivre leurs conseils[5].

Le caractère indépendant de la nation se manifeste dans son gouvernement. La tribu germaine reconnaît à une race noble le droit de lui donner des rois, mais renferme le pouvoir des rois dans d'étroites limites[6]; les assemblées des principaux de la tribu doivent délibérer sur tous les objets qui touchent au

---

1. Tacite, *De moribus Germanorum*, c. xxiv.
2. *Ibid.*, c. v et xv.
3. César, *De bello gallico*, l. VI, c. xxi.
4. Tacite, *De moribus Germanorum*, c. ix.
5. *Ibid.*, c. viii.
6. *Ibid.*, c. vii.

gouvernement et à l'intérêt public ; dans les affaires ordinaires, leur décision est souveraine ; s'il s'agit d'un grand intérêt national, elle n'est définitive qu'après avoir été sanctionnée par le peuple entier[1]. Le conseil des principaux se réunit à des époques fixes pour traiter des affaires de la tribu, nommer les magistrats des cantons ou subdivisions de la tribu, et statuer sur les accusations de nature à entraîner la peine capitale[2]. Aux magistrats du canton est adjoint un conseil composé de cent compagnons, qui les éclaire de ses lumières et appuie de son autorité leurs décisions[3]. Ce sont ces magistrats qui administrent le canton, et y jugent ou concilient les causes dont l'importance n'est pas assez grande pour qu'elles soient portées devant le conseil général de la tribu[4].— Dans les guerres, chaque canton fournit cent hommes de pied[5]. Les chefs (les généraux) sont nommés par le peuple ; leur autorité ne tarderait pas à être méconnue s'ils ne la soutenaient par l'exemple

1. Tacite, *De moribus Germanorum*, c. XI.
2. *Ibid.*, c. XII.
3. *Ibid.*, c. XII.
4. César, *De bello gallico*, l. VI, c. XXIII.
5. Tacite, *De moribus Germanorum*, c. VI.

de leurs exploits[1]. De même que chez les Gaulois, chaque chef attache à sa fortune un plus ou moins grand nombre de compagnons, qui l'ont choisi, se font gloire de le servir[2], et dont le partage du butin entretient et réchauffe le zèle[3].

Parmi les diverses nations de la Germanie, nous distinguerons les Burgundes, les Wisigoths et les Francs, qui s'établirent dans la Gaule; les Saxons et les Angles, qui occupèrent l'île de Bretagne.

Les Burgundes ou Bourguignons pénétrèrent les premiers dans le cœur de la Gaule; Gundicaire fonda, en 411, le royaume que les fils de Clovis devaient réunir à l'empire des Francs. Convertis, dès le siècle précédent, au christianisme et suivant la secte d'Arius, ce peuple de charpentiers et de forgerons se sentait frappé d'admiration à l'aspect de la civilisation romaine; il traitait les vaincus plutôt en frères qu'en sujets[4].

1. Tacite, *De moribus Germanorum*, c. VII.
2. César, *De bello gallico*, l. VI, c. XXIII; Tacite, *De moribus Germanorum*, c. XIII.
3. Tacite, *De moribus Germanorum*, c. XIV.
4. Paul Orose.

Les Wisigoths, qui, à la même époque, s'emparaient de la partie sud-ouest de la Gaule, étaient les plus civilisés de tous les barbares. Dès le temps de Tacite, les Goths, quoique jaloux de leur liberté, passaient pour être moins farouches et moins indépendants que les autres Germains[1]. A l'époque de leur établissement dans la Gaule, ils étaient ariens comme les Burgundes, mais surpassaient de beaucoup ce peuple en lumières. Le fondateur de la monarchie des Wisigoths dans la Gaule, Ataulf, frère et successeur d'Alaric et gendre du grand Théodose, s'entourait, à sa cour de Narbonne, de toutes les magnificences impériales. Il avait eu la pensée de substituer l'empire des Goths à celui des Romains ; il se flattait du moins d'être regardé par la postérité comme le restaurateur de l'Empire[2].

De plus redoutables ennemis ne tardèrent pas à se montrer. Du temps où Tacite écrivait ses immortels ouvrages, les plus forts, les plus courageux, les plus

1. Tacite, *De moribus Germanorum*, c. XLIII.
2. Paul Orose, *Hist.*, l. VII, c. XLIIII

intelligents des Germains étaient les Cattes, campés sur les confins de la forêt Hercynienne. Chez ce peuple farouche, les jeunes gens laissaient croître leurs cheveux et leur barbe jusqu'à ce qu'ils eussent tué un ennemi ; cette première preuve de leur courage une fois donnée, les plus vaillants attachaient à un de leurs membres un anneau, signe de la servitude, dont la mort d'un nouvel ennemi pouvait seule les délivrer. Leur prudence égalait leur courage : les autres Germains allaient au combat, eux seuls allaient à la guerre[1]. Vers le milieu du troisième siècle de l'ère chrétienne, les Cattes s'absorbèrent dans la confédération des Francs. — Au commencement du cinquième, les Francs firent de nombreuses incursions dans le nord de la Gaule et finirent par y rester. La civilisation avait à peine pénétré dans leurs camps, et les quelques changements que le temps avait introduits parmi eux ne leur avaient enlevé ni leur caractère, ni leur indépendance, ni leur gouvernement, ni leur religion.

Pendant que les Burgundes, les Wisigoths et les

----

1. Tacite, *De moribus Germanorum*, c. xxx et xxxi.

Francs envahissaient la Gaule, les Bretons, que Rome avait cessé de gouverner et de protéger, ne pouvaient se défendre contre les incursions de deux petits peuples de la Calédonie. Ils appelèrent enfin les Saxons à leur secours.

Établis vers l'embouchure de l'Elbe et sur les côtes de la mer Baltique, les Saxons croyaient appartenir à la race divine des Ases, issue du mariage d'Odin et de Frigga. Venus d'Asie, à ce que l'on suppose, vers le premier siècle avant Jésus-Christ, sous la conduite du chef qui devint le premier de leurs Dieux, les Saxons, célèbres par leurs pirateries, leur esprit aventureux et leur cruauté, étaient redoutés même des autres Germains. Les Pictes et les Scots ne résistèrent pas longtemps à ces sauvages guerriers; mais les Bretons durent porter le joug de leurs libérateurs. Traités avec la dernière rigueur, réduits à l'état le plus misérable, ceux que la fuite ne déroba pas à la férocité des Saxons furent exterminés ou gémirent dans le plus dur esclavage.

Les Angles, qui suivirent de près les Saxons et se fondirent avec eux pour former l'heptarchie anglo-

saxonne, avaient à peu près la même origine et les
mêmes mœurs.

C'est encore à la race scandinave qu'appartiennent
les Normands qui, au commencement du dixième
siècle, s'installèrent sur les rives de la Seine, et les
Danois qui, un siècle plus tard, substituèrent pendant
quelques années, en Angleterre, leur joug à celui
des Saxons.

II

Du mélange du peuple et des institutions de Rome
impériale avec le peuple et les institutions de la Germanie sont sorties les sociétés modernes.

Je dois vous indiquer dès à présent le principe
d'une importante différence entre la France et l'Angleterre. L'esprit et les institutions de Rome avaient
en quelque sorte pris racine dans la Gaule, et ils
s'y maintinrent, même après l'invasion des barbares.

Ils devaient plus aisément disparaître de la Bretagne, où ils n'avaient jamais été aussi pleinement acceptés. Il faut ajouter encore que le caractère de l'invasion bourguignonne et wisigothe et de l'invasion des Francs fut bien différent de celui de l'invasion saxonne. Les Bourguignons, et surtout les Wisigoths, admiraient Rome et s'efforçaient de l'imiter; les Francs ne pouvaient se défendre d'un secret respect pour l'ancienne dominatrice du monde, et Clovis se sentait grandir, non-seulement aux yeux de la population gallo-romaine mais à ceux de ses propres compagnons, lorsque l'empereur Anastase lui conférait les honneurs du consulat. Les conquérants saxons, au contraire, étaient trop éloignés du foyer des lumières romaines pour que le moindre rayon pût les atteindre, trop grossiers pour s'en laisser pénétrer, quand bien même ils se seraient trouvés placés dans la sphère de la civilisation.

Telle est la première cause de l'originalité de la législation anglaise, des différences qui ont de tout temps existé entre les institutions de la Grande-Bretagne et celles des États du continent, et de la France en particulier. Les institutions barbares se développèrent, de l'autre côté du détroit, en dehors de l'influence que Rome, même après sa chute, n'avait pas cessé d'exercer sur le reste de l'Europe.

Après la conquête, les anciennes assemblées des hommes libres se continuèrent sous le nom de *Champs de Mars* en France, de *Witenagemotes* en Angleterre. Ces réunions avaient le pouvoir législatif et s'immisçaient, avec plus ou moins d'autorité suivant les temps, dans les fonctions du pouvoir exécutif; elles faisaient la paix et la guerre, concluaient les traités, et prenaient part à la nomination de certains officiers. Sous la monarchie anglo-saxonne, le Witenagemote influait puissamment sur le choix des aldermen ou des sheriffs des comtés; on sait de quelle importance devinrent en France, pendant la première race, les maires du palais, élus par les représentants de la nation. — L'établissement et la dissémination des vainqueurs sur le sol affaiblirent cependant les assemblées nationales. Fixés dans leurs domaines, souvent à une grande distance du lieu indiqué pour la tenue des assemblées, les hommes libres furent moins exacts à s'y rendre ; les plus puissants y furent seuls appelés, ou purent seuls faire la dépense et affronter les dangers du voyage.

Une autre cause tendait à modifier ces assemblées. Les chefs germains, comme l'avaient fait avant eux les chefs des anciens Gaulois, s'entouraient de guerriers auxquels ils distribuaient les dépouilles des vaincus. Aux partages d'armes, de chevaux, de vêtements, que le chef faisait entre ses compagnons dans les forêts de la Germanie, succède, après la conquête, le partage des terres. Les fiefs s'introduisent en France avec la première race. Amovibles dans l'origine, ils servent puissamment l'autorité royale ; les possesseurs de fiefs retenus dans la dépendance du roi, sont de préférence appelés par lui aux assemblées nationales, d'où il s'efforce d'exclure ceux des hommes libres que les mêmes liens n'attachent pas à lui. Le nombre des francs tenanciers diminue d'ailleurs de jour en jour par la conversion des alleux en fiefs.

Cette double influence de la dissémination des vainqueurs sur le sol et de l'amoindrissement des alleux, agit parallèlement en France et en Angleterre, mais avec beaucoup plus de rapidité et d'énergie dans le premier pays que dans le second.

En France, l'élément populaire ne tarde pas à disparaître des assemblées nationales, et la puissance tout entière se trouve entre les mains des rois et des grands feudataires. Charlemagne arrête un instant les progrès des possesseurs de fiefs, et fait en partie revivre les anciennes institutions : les lois sont préparées dans les *placita* ou *parlamenta* qui se réunissent en automne sous la présidence de l'Empereur ; la nation les vote au Champ de Mai ; les *missi dominici* tiennent, dans les provinces, des plaids qui sont à la fois des conseils administratifs et des cours de justice. Chacun des trois royaumes de l'Empire se subdivise en légations, la légation en comtés, le comté en centaines, la centaine en décanies : dix manses, de douze arpents chaque, composent la décanie. Mais le système administratif des capitulaires, qui aspirait quelquefois à la grandeur de la centralisation romaine, ne devait aboutir qu'à un système de gouvernement local fondé sur la propriété du sol[1].

---

1. Laferrière, *Histoire du droit français*, t. III, p. 493.

Et sous les faibles successeurs de Charlemagne, les possesseurs de fiefs regagnent les avantages qu'ils avaient perdus; la puissance des grands feudataires égale et dépasse bientôt celle du roi, jusqu'à ce qu'enfin l'un d'eux mette sur sa tête la couronne de France.

Le régime féodal s'organisa moins vite en Angleterre. Malgré les changements qu'introduisit dans leurs mœurs leur installation dans le pays conquis, malgré les bouleversements continuels qu'amenaient les invasions des Danois, les conquérants de la Bretagne conservèrent toujours leur attachement aux institutions saxonnes. Alfred, regardé communément comme le fondateur des lois anglaises, ne fit sans doute, dans la plupart des cas, que confirmer et compléter les institutions et le droit saxons. Ce fut Alfred qui établit ou qui régularisa les divisions territoriales de l'Angleterre, que nous retrouvons encore aujourd'hui à peu près telles qu'il les avait trouvées ou qu'il les avait faites. Le royaume était divisé en comtés, gouvernés par un officier qui, d'abord sous le titre d'alderman, réunissait en lui le pouvoir civil et le pouvoir militaire, qui, plus tard, sous le nom de sheriff, ne remplit que des fonctions purement civiles. Le comté se subdivisait en *hundreds*, le hundred en *tithings*. Le hundred (canton) — cent francs tenanciers (*freeholders*) et leurs familles — avait pour chef un magistrat nommé *hundreder* ou centenier, et le tithing, — dix freeholders et leurs familles, — un *tithingman* ou dizenier. Le nom de la subdivision du comté, hundred ou centaine (le même qu'avait employé Charlemagne), rappelle l'ancienne subdivision de la tribu germaine; la manière dont étaient administrés le royaume et ses divisions ou subdivisions, rappelait également les vieilles traditions. Les intérêts administratifs étaient décidés et les contestations entre particuliers étaient jugées, suivant les cas, par la dizaine, sous la présidence du tithingman; par la centaine, sous la présidence du hundreder; par la cour de comté, tenue par l'alderman ou par le sheriff, qui comprenait tous les francs tenanciers du comté; enfin par le Witenagemote, se réunissant trois fois l'an, à Noël, à Pâques et à la Chandeleur, présidé par le roi, et composé des évêques, des abbés mitrés, des gouverneurs des

comtés et des principaux thanes ou grands propriétaires.

On voit quels rapports existaient entre l'organisation de Charlemagne et celle d'Alfred. Aux Parlements
et aux Champs de Mai correspondent les Witenagemotes, aux plaids des *missi dominici* correspondent les cours de comté ; les divisions inférieures du
territoire sont désignées par les mêmes noms ; l'ancien
esprit national se retrouve, dans ces institutions, en
harmonie avec le progrès et les besoins nouveaux.

L'œuvre d'Alfred vécut plus longtemps que celle
de Charlemagne. Pendant que la féodalité progres-
sait rapidement en France, balancée et corrigée en
Angleterre par les traditions saxonnes, elle n'y faisait que des progrès assez lents ; mais la bataille
d'Hastings décida en un jour ce que deux siècles
et demi avaient produit sur le continent. Le système féodal était fortement organisé en Normandie ;
Guillaume lui donna la même force en Angleterre.
Il convertit les alleux en fiefs, et opéra, dans les
conseils nationaux de l'Angleterre, la révolution qui
s'était opérée depuis longtemps en France, rempla-

çant le Witenagemote par le Parlement ou *Collo-
quium*, réuni aux mêmes époques, mais dont faisaient seulement partie les barons, c'est-à-dire les
seigneurs, tant ecclésiastiques que laïques, qui relevaient directement du roi.

A la fin du onzième et au commencement du
douzième siècle, la France et l'Angleterre se trouvaient donc dans des conditions analogues : l'a-
ristocratie féodale composait seule le Parlement,
pouvait seule opposer une résistance à l'autorité
royale.

Des écrivains anglais ont cru pouvoir affirmer que
l'Angleterre avait toujours eu des institutions libres;
lord Camden n'a pas craint d'avancer qu'à aucune
époque il n'y eut, dans le royaume, une seule motte
de terre qui n'eût son représentant au Parlement.
L'histoire réduit à néant ces patriotiques hyperboles.
L'Angleterre, autant qu'aucun autre pays, a connu
l'oppression et la servitude. Un homme d'État qu'on
ne soupçonnera pas d'indifférence à l'égard des institutions et des libertés de son pays, lord Brougham,
appréciant la monarchie anglo-saxonne, s'exprime

ainsi : « Il est tout à fait certain que, bien qu'il y ait eu de tout temps, en Angleterre, un pouvoir législatif dont le roi ne formait qu'une partie seulement, et qu'ainsi aient été jetés, dès l'antiquité la plus reculée, les fondements sur lesquels devait s'élever graduellement un gouvernement libre, cependant la puissance de fait du souverain était, à tous les points de vue, au moins aussi grande que dans les royaumes voisins de France et d'Allemagne; et resserrait, dans de non moins étroites limites, les droits et les libertés du peuple. Nul doute, en effet, qu'en Angleterre, le pouvoir des barons, principal contre-poids de la prérogative royale, ne fût plus entravé dans son action que dans les monarchies du continent. De toutes les créations de la vanité nationale, aucune n'est plus dépourvue de fondement que celle qui représente nos ancêtres comme jouissant de plus de liberté, et leurs princes comme exerçant une autorité plus limitée que dans les monarchies féodales des nations voisines [1]. »

Ce ne fut que progressivement, après une longue

1. *British Constitution*, by lord Brougham. c. II, p. 28.

suite de tentatives que le succès ne couronna pas toujours, que l'Angleterre conquit le gouvernement mixte dont elle jouit depuis plusieurs siècles. Guillaume avait paru d'abord disposé à ménager le pays; mais les révoltes des Saxons le conduisirent au despotisme le plus cruel. Les usurpations de ses fils rendirent aux barons et aux principaux du peuple vaincu une légère part d'influence. A chacune de ces usurpations, le nouveau roi cherchait à effacer le vice de son titre en le faisant confirmer par le conseil de la nation, c'est-à-dire par la noblesse; pour obtenir cette confirmation et se rendre les barons favorables, il consentait à limiter l'autorité que lui donnait sur eux sa qualité de suzerain, et leur accordait une charte qui contenait ordinairement quelques stipulations en faveur du peuple. C'est ainsi qu'agirent Guillaume le Roux, Henri Ier, Étienne de Blois.

En montant, après la mort d'Étienne, sur le trône dont il était le légitime héritier, le premier des Plantagenets suivit la même politique : Henri II accorda des franchises et des priviléges à différentes cités; il respecta les vieilles lois ou plutôt les vieilles coutumes saxonnes, et, par une mesure que la raison n'approuvait pas moins que la politique, remplaça le combat judiciaire, que les habitudes normandes tendaient à transplanter en Angleterre, par l'ancien usage saxon, le jugement par jurés. La conquête n'avait, à proprement parler, changé que les institutions politiques; l'ancienne collection de maximes et de coutumes non écrites, que l'on désignait déjà et que l'on n'a pas cessé de désigner sous le nom de *droit commun* (common law), avait subsisté en Angleterre de temps immémorial. Les sources et la formation du droit commun sont demeurées à peu près inconnues; mais, dès le milieu du onzième siècle, il était si profondément enraciné dans l'esprit des peuples, si intimement fondu dans leurs mœurs, qu'il supporta, sans modifications essentielles dans les matières d'intérêt privé, ce rude choc de la conquête normande [1]. Il se conserva dans les familles nobles, dans les universités, dans les monastères, si cher à la nation que le roi Étienne avait cru sage de défendre l'étude des lois d'Italie qu'un arche-

---

1. Blackstone.

vêque de Cantorbéry avait tenté d'introduire dans le
royaume. Parvenu à son plus haut degré de perfection sous le règne d'Édouard Ier, le Justinien
anglais, ce même droit commun, est appliqué encore
aujourd'hui par la plupart des tribunaux d'Angleterre. — Toute coutume antérieure au règne de Richard Ier vaut comme *Common law*.

C'est à cet amour des lois saxonnes que firent
appel les barons pour mettre le peuple de leur côté
dans la lutte qu'ils engagèrent contre Jean sans
Terre. De cette lutte sortirent les douze tables politiques de l'Angleterre, la grande charte, que l'on
appelait alors les *lois du Confesseur*. Signée à Runny-
mède le 19 juin 1215, la *magna charta* consacre la
liberté de l'Église d'Angleterre et de ses élections,
adoucit la rigueur des lois féodales, promet à tous
l'administration par leurs pairs d'une justice régulière et conforme aux lois du pays, rend sédentaire la cour des plaids communs, qui jusque-là
suivait la personne du roi, fixe les époques auxquelles seront tenues les cours de comté (*shire-gemotes*),
cherche à mettre un frein aux exactions des officiers

royaux, sheriffs ou baillis, établit l'uniformité des poids et mesures, et pose plusieurs autres règles propres à garantir la liberté du commerce. — Mais les dispositions les plus importantes de la grande charte sont celles qui confirment les priviléges et les anciennes coutumes des villes, bourgs ou villages, et qui promettent de ne faire aucune levée, de n'établir aucun impôt sans le consentement du conseil commun du royaume. Pour prendre part au conseil, les archevêques, évêques, abbés, comtes et hauts barons seront convoqués individuellement, par lettres portant le sceau royal; tous ceux qui relèvent directement du roi seront convoqués par les sheriffs ou baillis[1].

1. « Et ad habendum commune consilium regni de auxilio assi-
« dendo aliter quam in tribus casibus predictis, vel de scutagio
« assidendo, summoneri faciemus archiepiscopos, episcopos, abba-
« tes, comites et majores barones sigillatim per litteras nostras; et
« preterea faciemus summoneri in generali per vicecomites et ba-
« livos nostros omnes illos qui de nobis tenent in capite ad certum
« diem, scilicet ad terminum quadraginta dierum ad minus, et
« ad certum locum, et in omnibus litteris illius summonitionis
« exprimemus, et sic facta summonitione negotium ad diem assi-
« gnatum procedat secundum consilium illorum qui presentes
« fuerint, quamvis non omnes summoniti venerint. » *Magna charta*, § 14.)

Sous Henri III, les barons obtinrent la charte des forêts, *charta de foresta*, d'une importance non moins grande que la *magna charta*. Elle limitait le droit que s'étaient arrogé les princes normands de déclarer certaines portions du sol, souvent fort étendues, à l'état de forêt. Ces déclarations avaient en effet pour conséquence, non-seulement de soumettre les parties du royaume auxquelles elles s'appliquaient à des officiers spéciaux et d'y anéantir toutes les libertés locales, mais encore d'y atteindre le droit de propriété même, d'exposer les habitants à voir détruire leurs demeures et de transformer leurs domaines en désert.

Il s'en faut de beaucoup que, depuis l'époque de ces deux chartes, les barons et le peuple d'Angleterre aient joui des droits qui y étaient stipulés en leur faveur. Loin de là, les rois s'efforçaient constamment de secouer le joug incommode des chartes; les barons, de leur côté, en exigeaient la confirmation dès que les circonstances leur devenaient favorables. Les Plantagenets les renouvelèrent *trente-sept fois*. — La persévérance des barons devait porter des fruits et leur assurer une part considérable dans le gouvernement. — Sous Henri III, leur puissance était telle, qu'elle effaça presque celle du roi; mais ils y associèrent le peuple. Dès 1254 deux représentants (*knights* ou chevaliers) furent envoyés, par chaque cour de comté, au Parlement pour délibérer sur les aides. Les actes du *mad Parliament*, en 1258, et les règlements connus sous le nom de provisions d'Oxford ajoutèrent à l'importance du Parlement et de l'élément électif qui venait d'y être introduit. Enfin Simon de Montfort, comte de Leicester, qui, après la bataille de Lincoln, avait, en fait, usurpé l'autorité royale, l'ouvrit aux députés des villes. Des convocations ou writs, délivrés par lui au nom du roi, en 1265, appelèrent à y siéger deux députés de chaque cité ou bourg.

L'innovation de Leicester ne fut pas suivie d'abord par Édouard Ier. Ce prince ne convoqua pas les bourgeois à ses premiers Parlements; mais il les convoqua à celui de 1295, et, depuis ce temps, il ne paraît pas que le droit des bourgeois de faire partie des assemblées nationales ait jamais été contesté. Il est expressément confirmé par le fameux statut de 1306 *de Tallagio non concedendo*, sanction pratique de la grande charte, portant qu'aucune taille ou aide ne sera levée à l'avenir que du consentement du Parlement, c'est-à-dire des prélats, barons, chevaliers, bourgeois et autres hommes libres du royaume. L'usage fut d'abord de ne faire délibérer chacune des deux classes de députés que sur les questions qui affectaient ses intérêts particuliers. Les intérêts agricoles étaient censés représentés par les députés des comtés, les intérêts commerciaux par ceux des villes. Le plus ordinairement, les députés des comtés siégeaient avec les hauts barons et les députés des villes formaient une assemblée séparée.

Les progrès du gouvernement représentatif continuèrent pendant le règne d'Édouard II et pendant celui d'Édouard III; le principe de l'intervention du Parlement et de chacune des parties du Parlement, dans tous les actes législatifs et dans toutes les questions importantes, fut définitivement reconnu; les réunions de ce corps devinrent fréquentes et régulières, et bientôt il prit la forme qu'il a conservée de nos jours : les prélats et les barons siégeant dans la Chambre des lords, les députés des comtés et des communes dans la Chambre des communes.

Dès la première moitié du quatorzième siècle, le gouvernement de l'Angleterre était formé ; tous ses principes étaient posés, toutes ses parties existaient. Le temps devait mieux définir et mieux asseoir les éléments divers de la Constitution, mais aucun élément entièrement nouveau n'y devait plus être introduit.

Quelle était, à la même époque, la situation de la France? Le travail d'organisation s'y était opéré d'une manière toute différente. — Lorsque commençait la dynastie des Capétiens, plusieurs grands feudataires n'étaient pas moins puissants que le roi et s'estimaient ses égaux : peut-être même n'avaient-ils consenti à reconnaître à Hugues Capet le titre de roi que parce qu'ils supposaient que ce titre n'ajouterait rien à son pouvoir, et que leur épée les protégerait aussi bien contre les rois de France que contre les comtes de Paris. Un certain nombre d'entre eux se

sentaient assez forts pour soutenir avec l'autorité
royale une lutte individuelle; tous s'habituèrent à
vivre et à combattre isolément, sans poursuivre un
but commun, sans unir entre eux leurs intérêts,
chacun croyant pouvoir se défendre lui-même. Aussi,
à la fin du onzième siècle, bien que la féodalité ne
dominât pas plus en France qu'en Angleterre, l'anarchie féodale y était plus complète, et la guerre civile
s'y trouvait, pour ainsi dire, à l'état d'institution.
Le clergé, malgré l'influence morale dont il jouissait,
était impuissant à maintenir la trêve de Dieu, qu'édic-
taient fréquemment ses conciles. Quant au peuple, il
n'était compté pour rien : entourés d'une population sans homogénéité et sans force, les seigneurs ne
croyaient avoir ni sujet de la craindre ni intérêt à la
ménager.

La supériorité administrative appartenait aux
églises, qui gouvernaient et administraient leurs
terres comme les seigneurs laïques; mais, surpassant
ces derniers en lumières, elles empruntaient une
force réelle au lien commun qui les rattachait entre elles, les conciles nationaux, dont l'action sor-
tait souvent de la sphère des intérêts spirituels

pour entrer dans celle des intérêts temporels. En formant une espèce de corps au milieu du fractionnement général , les Églises avaient obtenu une certaine indépendance vis-à-vis des autres seigneurs, et, dans leur organisation intérieure, des avantages réels pour leurs vassaux et pour elles-mêmes ; l'ascendant de leurs tribunaux, fondé à la fois sur le caractère sacré des juges, sur les garanties de la procédure et sur la supériorité des lois appliquées, s'étendait bien au delà de leurs·possessions.

La royauté sut habilement profiter de l'exemple et de la sagesse du clergé, de la désunion et de l'imprévoyance des seigneurs. Les croisades furent la première cause de l'amoindrissement de la noblesse ; l'affranchissement des communes, favorisé par Louis le Gros et par ses successeurs, affaiblit encore les seigneurs et ménagea aux rois, qui ne tardèrent pas à s'ériger en défenseurs des franchises des villes, un utile instrument pour saper l'édifice féodal. Sous Philippe-Auguste, la confiscation des domaines de Jean sans Terre fit cesser l'égalité qui existait entre le roi et les grands feudataires : le peuple allait profiter .de l'agrandissement de la royauté; et les troupes des communes, en se distinguant à la bataille de Bouvines, faisaient preuve d'intelligence autant que de courage.

Saint Louis commença l'œuvre de la centralisation. S'il ne put abolir entièrement les guerres privées, il les rendit beaucoup moins fréquentes. Par l'institution des appels au roi et des cas royaux, dont les juges du roi purent seuls connaître, il porta aux justices seigneuriales un coup dont elles ne se sont jamais relevées. Devenu juge souverain de tout le royaume, il en fut presque le législateur, et l'autorité de ses établissements dépassait les limites du domaine royal. Il détermina les attributions des officiers royaux et les réduisit à la condition de simples délégués. Ces officiers étaient les prévôts ou viguiers, et, au-dessus d'eux, les baillis ou sénéchaux. Le nombre des prévôtés royales n'était que de quarante-cinq avant la confiscation des domaines de Jean sans Terre; on comptait soixante-treize prévôtés ou vigueries à la mort de Philippe Auguste, cent trente-neuf à la mort de saint Louis[1]. Le prévôt ou viguier y représentait le roi, exerçait les pouvoirs civil, judiciaire et militaire. Un certain nombre de prévôtés était placé sous la surveillance d'un officier supérieur, appelé bailli dans le Nord, sénéchal dans le Midi ; tous les officiers royaux, baillis ou sénéchaux, prévôts ou viguiers, étaient soumis au contrôle du grand sénéchal, et rendaient leurs comptes entre ses mains. —Les communes ou corporations municipales échappaient à l'action directe de ces officiers ; saint Louis s'efforça, non sans succès, de les rattacher d'une autre manière à la suprématie royale : il mit en avant le principe qu'au roi seul, à l'exclusion des seigneurs, appartient le droit de reconnaître les communes, et soumit, en 1256, la comptabilité de toutes celles du royaume au contrôle de sa chambre des requêtes.

Avec un caractère et par des moyens très-différents, Philippe le Bel poursuivit l'œuvre de saint Louis. Deux actes d'une haute importance se rapportent à ce règne, l'organisation régulière du

1. Brussel, *Traite des fiefs.*

Parlement et la tenue des premiers États généraux. Des anciennes assemblées de Charlemagne,
le Champ de Mai avait bientôt cessé de subsister,
et le *Placitum* ou *Parlamentum* qui s'était conservé
n'avait plus de forme fixe ni d'attributions exactement tracées. — A la fin du treizième siècle,
on désignait encore sous le nom de Parlement le
conseil des prélats et des barons, appelé à délibérer — quand le roi le jugeait convenable — sur
les affaires importantes, soit comme cour de justice, soit comme conseil privé, soit même comme
corps législatif.

La création des appels au roi et des cas royaux par
saint Louis avait considérablement étendu les attributions du Parlement, et la substitution des formes
de procédure au combat judiciaire avait rendu nécessaire l'introduction dans son sein de légistes, auxquels les barons s'en remettaient pour la décision des
affaires touchant à leur spécialité. Les légistes ou
clercs n'étaient pas d'abord membres du Parlement,
mais simples conseillers des barons. Peu à peu, les
barons cessèrent de s'y rendre; les conseillers s'em-
pressèrent de prendre la place qu'abandonnaient les

barons ; et, le fait engendrant le droit, les légistes finirent par rester et par être reconnus seuls maîtres du terrain. Philippe compléta l'organisation de ce corps au début de son règne. Il tira de son conseil l'élément judiciaire qui y était renfermé, et lui donna une existence distincte. — Une ordonnance de 1302 rendit le Parlement sédentaire à Paris. — Ce fut, dans le principe, un puissant instrument pour la royauté : juge des cas royaux, la nouvelle magistrature étendit l'autorité royale afin d'étendre sa propre autorité.

En même temps que pour l'administration de la justice, Philippe substituait aux barons un corps de bourgeois légistes, il ne craignit pas de ressusciter les anciennes assemblées du 'pays. Bien qu'il eût sans conteste l'exercice du pouvoir législatif, il crut utile de donner à ses actes, et surtout à la lutte qu'il engageait contre le pape, la sanction nationale. A l'assemblée de 1302, considérés avec raison comme les premiers États généraux, figurèrent nonseulement les prélats et les barons, mais encore les députés des universités et des communes.

Sous le même règne, la suppression presque com-

plète des monnaies seigneuriales acheva de paralyser
le droit de guerre des seigneurs, en tarissant la principale source des revenus qui leur permettaient de
l'exercer.

Ainsi, au commencement du quatorzième siècle, à
l'époque où s'établissait le gouvernement que l'Angleterre a conservé jusqu'à nos jours, achevaient également de se poser les bases de notre ancien gouvernement monarchique : l'organisation s'était faite en
Angleterre par le Parlement, en France par le roi;
en Angleterre par les progrès politiques, en France
par les progrès administratifs. Quelles raisons donner
de cette différence? Il faut l'attribuer d'abord à l'influence du principe germain, mieux conservé par les
descendants des Saxons que par ceux des Francs.
Mais ce principe, ce germe d'indépendance déposé
partout dans le sol de la conquête, serait demeuré
stérile en Angleterre comme ailleurs, si diverses circonstances ne lui avaient donné une nouvelle vigueur
et imprimé une nouvelle forme.

C'est à l'exagération de l'autorité royale, à la faiblesse relative des possesseurs de fiefs, qu'il faut

principalement attribuer l'établissement du gouvernement représentatif en Angleterre. La féodalité ne s'y développa complétement qu'après la conquête normande, et les rois conquérants, en se réservant ou en réservant aux membres de leur famille une grande partie des terres conquises[1], en distribuant une partie non moins considérable de ces terres à leurs plus zélés partisans, en disséminant sur différents points du royaume les divers manoirs qu'ils donnaient au même seigneur, et surtout en déférant à la cour du roi l'appel et la surveillance de toutes les justices baroniales, ne permirent pas que, du sein de la noblesse féodale, s'élevassent des individualités assez puissantes pour lutter contre le souverain. Pour engager et soutenir cette lutte, à laquelle les conviaient les abus de la royauté, les barons durent se liguer entre eux; et, pour mieux assurer leurs succès, ils s'efforcèrent de mettre le peuple de leur côté, en stipulant pour lui lorsqu'ils stipulaient pour eux-mêmes, en l'associant

---

1. Guillaume le Conquérant s'était réservé 1532 manoirs; il en avait mis 3000 dans sa famille. Il y avait en outre 68 forêts royales. (Lord Brougham, *British Constitution*, c. II, p. 16.)

plus tard, par ses représentants, à leurs propres luttes et à leurs propres succès. — C'est ainsi qu'en Angleterre le peuple s'éleva par l'appui que l'aristocratie lui prêtait contre le roi.

En France, au contraire, la noblesse, se sentant forte, se sépara et du roi et du peuple ; le roi, jaloux de substituer un pouvoir réel à la suzeraineté nominale à laquelle il était réduit, seconda le mouvement de la bourgeoisie et du peuple contre l'aristocratie féodale. Quand les seigneurs se furent affaiblis par les guerres privées et par les croisades, quand la bourgeoisie se fut élevée par les richesses qu'elle dut au commerce, par les lumières qu'elle puisa dans les universités, ce fut le roi qui, se constituant le défenseur des libertés communales, favorisant tout ce qui pouvait ramener à l'unité le fractionnement féodal, triompha successivement de toutes les résistances isolées, et devint la clef de voûte de la société nouvelle.

Si nous poursuivons l'examen rapide des changements survenus dans l'organisation des deux pays, nous voyons en Angleterre la tyrannie des Tudors, pour laquelle l'histoire ne saurait avoir trop de sévérité, servir du moins à placer la Chambre des communes sur un pied d'égalité avec la Chambre des lords. Les barons avaient eu jusque-là une prépondérance marquée dans le gouvernement; ils n'avaient pas craint de disposer de la couronne et d'exercer le pouvoir royal par des comités; mais la noblesse s'était affaiblie par les guerres des Roses; elle plia sous les Tudors, qui surent se faire du Parlement un instrument docile, toujours prêt à sanctionner les actes les plus odieux. Cependant, si la conduite du Parlement anglais, au quinzième et au seizième siècle, est un éclatant témoignage de l'impuissance des institutions lorsqu'elles ne sont pas soutenues par les mœurs, il faut reconnaître qu'il y eut, sous le règne de ces princes, tout absolus qu'ils étaient, extension de l'influence du Parlement sur l'administration des affaires publiques. — Élisabeth fut le premier souverain qui soumît régulièrement les impôts au vote du Parlement. — Pourquoi aurait-on cherché à limiter les attributions d'un corps qui savait si bien obéir?

Le Parlement ne se dédommagea que trop, sous les Stuarts, de la servilité qu'il avait montrée sous les Tudors. En 1628, il arracha à Charles Ier la fameuse pétition des droits (*petition of rights*). Cet acte ne faisait que reconnaître et déclarer les droits constitutionnels de la nation; mais le peuple, qui venait de les faire confirmer par le souverain, allait les violer outrageusement lui-même.

C'est surtout par les haines religieuses que s'explique la révolution d'Angleterre ; elle ne répondait pas, en effet, à un besoin de réforme politique ou administrative. Cela est si vrai qu'après le despotisme du Long-Parlement et de Cromwell, les institutions se relevèrent, à peine modifiées. Nul doute, d'ailleurs, qu'en Angleterre comme depuis en France, la majorité ne fût contraire aux mesures révolutionnaires et au principe républicain : la faiblesse des gens de bien explique seule des excès que la raison ne désavoue pas moins que l'humanité. Mais les passions religieuses survécurent à la restauration des Stuarts; l'Angleterre préféra bientôt un prince étranger au roi qui avait osé proclamer la liberté de conscience et abolir les peines contre les non-conformistes. Du reste, la révolution de 1688 ne changea rien à la constitution du royaume, et le bill des droits de Guillaume III consacra les principes déjà établis, tels que le droit exclusif du Parlement de voter l'impôt, le droit de pétition, la liberté des élections et des débats du Parlement, l'illégalité de la levée ou du maintien d'une armée, en temps de paix, sans le consentement des représentants de la nation. Ajoutons que Guillaume III se sentait trop faible et trop mal assis sur le trône de son beau-père pour songer à agrandir son pouvoir autrement que par la ruse et la politique, et que le règne de ce prince fut utile à la consolidation du pouvoir du Parlement.

Au moment où la puissance royale était si fort ébranlée en Angleterre, elle avait pris en France une extension considérable. Le ressentiment des abus qui, dans l'administration fiscale, s'étaient multipliés pendant que la centralisation s'était fondée,

avait mis un instant en danger l'utile alliance de
la royauté et du tiers état; les États généraux de
1355 avaient essayé de poser le principe, législativement consacré en Angleterre, depuis un demi-
siècle, que les impôts ne peuvent être levés par
le roi que du consentement de la nation; mais les
excès du parti populaire qui dominait dans les
États de 1356, produisirent, comme toujours, une
réaction en faveur du pouvoir absolu. Charles V
sut en profiter : il ressaisit l'autorité que les malheurs de la guerre et des troubles intérieurs avaient
pour un temps arrachée des mains du roi; il s'at-
tacha particulièrement à relever les finances, et parvint, par une politique adroite, à rendre perma-
nents, en fait, les impôts indirects ou aides. — C'est
sous ce prince que les nobles, renonçant à tenir
le trône en échec, commencèrent à le servir, et
vinrent chercher fortune à la cour et dans les armées du roi.

La royauté, amoindrie comme le royaume sous
le triste règne de Charles VI, se releva sous son heureux successeur. Charles VI, à son avénement, avait
été forcé de reconnaître la franchise du peuple au

sujet des impositions, et les États de 1382, usant
du droit qui leur était reconnu, avaient refusé
l'impôt; l'établissement, sous Charles VII, d'une armée permanente de pied et de cheval, archers et
gendarmes, à l'entretien de laquelle fut affectée,
par les États généraux de 1439, une taille perpétuelle, que le roi pouvait lever seul et sans le concours des États, délivra le roi de la crainte de
voir se reproduire de semblables résistances et
mit entre ses mains tous les moyens de maintenir et d'accroître sa puissance. Le consentement
des États provinciaux n'étant plus nécessaire pour
assurer le revenu royal, la réunion de ces assemblées devint inutile, du moins dans les pays qui
acceptèrent la permanence de la taille — appelés
pays d'élection — par opposition aux pays d'É-
tats, qui, comme le Dauphiné, le Languedoc et
quelques autres, conservèrent le droit de voter
l'impôt.

A l'égard des lois civiles, la pensée de rédiger par
écrit les coutumes des différentes provinces, que saint
Louis avait conçue, que Charles VII reprit, et dont il
commença l'exécution, devait avoir pour conséquence

d'appeler l'attention publique sur les diversités et les bizarreries de ces coutumes, et d'amener ainsi des réformes nécessaires et d'utiles efforts vers l'uniformité.

La royauté grandit encore sous Louis XI et sous Charles VIII. Il ne resta, pour la balancer, qu'un seul contre-poids, le Parlement. Ce corps judiciaire était devenu permanent sous Charles VI; ses membres, qui n'étaient nommés que pour une année, commencèrent à l'être pour toute la durée du règne du souverain qui les avait choisis. Les services rendus par le Parlement à la couronne et les lumières des membres qui le composaient, lui valurent la confiance du roi et de la nation. Dès 1371, la noblesse du Languedoc avait porté devant le Parlement ses protestations contre des ordonnances dont elle croyait avoir à se plaindre; en 1413, l'Université de Paris l'invita à faire des remontrances au roi sur la mauvaise administration des finances; enfin, en 1418, on le voit délibérer sur l'enregistrement des ordonnances qui lui sont adressées, et, lorsqu'il les désapprouve, mentionner son improbation sur ses registres. Les progrès de cette compagnie continuèrent sous Louis XII : l'enregistrement donnait lieu à de fréquents démêlés entre le Parlement et le roi. En 1518, il n'enregistra le concordat que comme contraint et forcé ; et, en 1519, au sujet d'une ordonnance sur la chasse qu'il refusait de sanctionner, François Ier lui adressa de sévères remontrances et lui fit défense, par un édit, de se mêler des lois ou de l'administration de l'État. — Depuis François Ier, les rois jouirent d'un pouvoir presque absolu ; les lits de justice forcèrent la main aux Parlements lorsqu'ils tentèrent de refuser l'enregistrement des ordonnances. Le temps devait venir où celui de Paris recevrait à genoux les reproches et les ordres de Louis XIII, et où Louis XIV entrerait dans la grand'chambre en costume de chasse et le fouet à la main.

Quelque fréquents qu'aient été les conflits entre la royauté et le Parlement, et de quelques dangers qu'ils aient pu parfois menacer le pays, on remarquera cependant que les efforts du Parlement, aussi bien que ceux du roi, ont constamment tendu à substituer des règles uniformes à la multiplicité des juridictions et des usages.

A mesure que la puissance royale s'était accrue, les États généraux étaient devenus plus rares, et surtout moins influents. Ceux que Louis XI avait réunis avaient déclaré se confier entièrement à la prudence du roi, et l'autoriser à gouverner à son gré. Ce fut ce prince qui réunit le premier, en 1470, une assemblée des notables : les assemblées des notables n'étaient pas le résultat de l'élection; les membres en étaient désignés par le roi. C'était un semblant d'États généraux, beaucoup plus facile à manier et qui ajoutait, aux yeux du peuple, de l'autorité aux actes du roi, sans donner à la couronne les inquiétudes que les États lui inspiraient toujours. Les États généraux tenus en 1614, à la majorité de Louis XIII, furent les derniers avant 1789.

La noblesse avait vainement essayé de se relever, sous Louis XI, par la guerre du Bien public et, plus tard, de profiter des troubles de la Ligue pour reprendre une partie de son ancienne indépendance.

La prise de la Rochelle, renversant à jamais les espérances des mécontents de la religion protestante, compléta la ruine de l'aristocratie en la privant de ses derniers auxiliaires. Son alliance avec le Parlement, durant les troubles de la Fronde, ne servit qu'à témoigner de sa faiblesse et acheva d'établir l'autorité absolue du roi.

Les progrès du pouvoir royal n'avaient pas été moins sensibles dans l'ordre administratif que dans l'ordre politique. — Vers la fin du treizième siècle, les rois ne voyant plus dans les baillis d'assez sûrs instruments de leurs volontés, nommèrent, dans différentes provinces, des gouverneurs militaires. François Ier divisa la France en généralités, confia à des agents spéciaux l'administration financière, et les baillis furent réduits à des fonctions presque exclusivement judiciaires. Mais les gouverneurs eux-mêmes devinrent un sérieux embarras : le pouvoir dont ils étaient revêtus, l'indépendance qu'ils avaient acquise, les noms que portaient la plupart d'entre eux, inspirèrent des craintes fondées au souverain. Richelieu prévint les dangers qui pouvaient surgir de ce côté par la création des intendants (édit de mai 1635). Sans toucher au titre, aux émoluments ni aux distinctions honorifiques des gouverneurs, il institua, dans le ressort de chaque bureau de finances ou généralité, un officier royal qui, sous le nom d'intendant de justice, police et finances, était chargé de l'administration proprement dite et du maintien du bon ordre. L'intendant n'était ni le subordonné ni l'égal du gouverneur; inférieur en dignité, il ne tarda pas à le surpasser en puissance. Les limites des gouvernements et celles des généralités n'é-taient pas les mêmes; les unes et les autres furent fréquemment modifiées, jamais uniformes. L'insti-tution des intendants, bornée d'abord aux pays d'élection, fut ensuite étendue aux pays d'États. La distinction entre les pays d'États et les pays d'élection devait disparaître presque entièrement: les libertés provinciales et municipales, sans cesse amoindries par la royauté depuis deux siècles, allaient tout à fait cesser d'être. Sous le règne de Louis XIV, les assemblées provinciales n'existèrent plus ou se trouvèrent réduites à un rôle pure-ment passif; les pays d'États furent, sinon en droit, au moins en fait, assimilés aux pays d'élection. Quant aux communes, elles perdirent, sous Louis XIV, jusqu'aux derniers vestiges de leur ancienne indépendance : partout les officiers municipaux tinrent leur nomination du roi.

L'autorité royale avait ainsi fini par absorber toutes les autres. Après avoir, pour triompher de l'aristocratie féodale, favorisé successivement l'indépendance des assemblées ecclésiastiques, la liberté des communes et l'émancipation du tiers état, les efforts de la monarchie tendirent à faire rentrer dans le néant les forces au développement desquelles elle avait si puissamment contribué. Le succès couronna cette politique; ce succès fut un malheur peut-être. Si la royauté, au lieu de concentrer en elle tous les pouvoirs et de détruire dans l'État tout autre principe de force, se fût contentée de ramener tout à l'unité, sans enlever aux différents ordres et aux différentes provinces une part raisonnable et légitime de vie et d'influence; si les États généraux et provinciaux s'étaient maintenus et régularisés; si les libertés communales, au lieu d'être entièrement supprimées, avaient été seulement renfermées dans des limites fixes et uniformes, peut-être la monarchie, pour être moins absolue, n'eût-elle été que mieux assise et plus durable; peut-être, en accoutumant la nation à jouir d'une liberté modérée, en se soumettant elle-même à un contrôle salutaire, l'autorité royale eût-elle prévenu bien des excès et bien des malheurs.

III

Je vous ai signalé des différences essentielles dans la manière dont se sont formées les anciennes institutions de la France et celles de la Grande-Bretagne. Les différences ne nous paraîtront pas moindres si nous jetons un coup d'œil sur la manière dont se sont complétés les territoires des deux pays. En France, aux territoires de Laon, de Reims et de Compiègne, qui, sous les derniers Carlovingiens, composaient seuls le domaine royal, Hugues Capet ajouta le duché de France ; depuis lors, de nouvelles provinces ne cessèrent d'accroître successivement le domaine royal par l'avénement de leur possesseur au trône, par réversion, par héritage, par mariage, par cession volontaire, par achat, par confiscation, par conquête[1]. La monarchie, en France, conquiert progressivement sur l'aristocratie les différentes portions dont elle compose le royaume. Elle laisse aux provinces réu-

1. Par l'avénement de leur possesseur au trône, la Navarre et le Béarn, à l'avènement de Henri IV ; par réversion, le Vexin en 1082, le Languedoc en 1271, le Perche en 1526, le Nivernais en 1665 ; par héritage, la Bourgogne, après la mort de Charles le Téméraire, en 1477 ; la Provence en 1481, en vertu du testament de Charles d'Anjou ; par mariage, l'Artois sous Philippe Auguste, la Champagne sous Philippe le Bel, la Bretagne sous Charles VIII et François Iᵉʳ ; par cession volontaire, le Dauphiné en 1349 ; par achat, la vicomté de Bourges, vers 1100, le comté de Chartres en 1286, la baronnie de Montpellier sous Philippe de Valois, le marquisat de Saluces sous Henri IV, la principauté de Sedan sous Louis XIII, la Corse en 1768 ; par confiscation, la petite seigneurie de Rambouillet sous Hugues Capet, et plus tard les vastes domaines de Jean sans Terre et ceux du connétable de Bourbon ; par conquête, le Vermandois, l'Auxerrois, le Valois sous Philippe Auguste, le Lyonnais sous Philippe le Bel, le Limousin sous Charles le Sage, la Guyenne et la Gascogne sous Charles VII, le Roussillon sous Louis XIII, l'Alsace, la Flandre et la Franche-Comté sous Louis XIV.

nies leurs lois et leurs coutumes, leur organisation et leur individualité administratives ; mais elle finit par les renfermer toutes dans la même unité politique.

On ne voit pas s'opérer, en Angleterre comme en France, ce travail d'agrandissement progressif. Avant la conquête normande, l'Angleterre tout entière obéissait aux rois saxons ; malgré l'introduction ou l'extension du système féodal, après la conquête, l'unité politique subsista dans tout le territoire conquis : depuis la Tweed jusqu'à la Manche, depuis le Snowdon jusqu'à la mer du Nord, l'autorité du roi comme seigneur suzerain et juge souverain prévalut en fait comme en droit. Les rois d'Angleterre n'eurent pas, comme les rois de France, à former pièce à pièce leur royaume des provinces échappées à la féodalité ; ils ajoutèrent à leur couronne les royaumes voisins.

Dès 1172, Henri II conquit une partie de l'Irlande. — Chrétienne au quatrième siècle, l'Irlande avait été longtemps renommée pour sa civilisation et ses lumières non moins que pour sa piété ; mais, les Danois étant survenus et s'étant emparés de presque toutes les côtes, l'état de guerre continuelle qui en fut la conséquence, réduisit promptement ce pays à la condition la plus déplorable. Telles étaient la faiblesse et les divisions des Irlandais que quelques centaines d'Anglais suffirent pour soumettre à Henri II la partie de l'Irlande qui correspond aux comtés actuels de Dublin, de Kildare, de Meath et de Louth. La soumission de l'île entière ne fut achevée que sous Édouard III, par le mariage du duc de Clarence avec l'héritière des rois de l'Ulster. Le roi d'Angleterre se faisait d'abord appeler *Dominus Hiberniæ;* Henry VIII prit le premier le titre de roi d'Irlande [1]. Au moment de la conquête, l'Irlande était régie par des lois traditionnelles dites *Brehon law* [2], mélange bizarre de haute sagesse et de profonde barbarie légué à l'Irlande par le souvenir de son ancienne civilisation et par les malheurs et les troubles des invasions danoises. Les efforts des conquérants pour détruire cette loi furent longtemps impuissants; les Irlandais l'observaient encore sous le règne

1. St. 35, Henry VIII, c. III.
2. *Brehon* signifiait *juge* dans la langue du pays.

d'Élisabeth, quoique plus d'une fois elle eût été formellement abolie. Il fallut un long espace de temps pour forcer les populations à accepter la *concession* des lois anglaises, que leur avait faite le roi Jean, et que renouvelèrent dans les termes les plus pressants Henry III, Édouard Ier et Édouard III. — Nul doute que beaucoup de règles empruntées à la *Brehon law* n'aient pris place, à diverses époques, dans les coutumes qui régissent maintenant les différentes parties de l'Irlande.

L'Irlande conquise devint un royaume à part sous un lord lieutenant : elle avait son Parlement particulier, mais ce Parlement était subordonné au roi et au Parlement d'Angleterre; il ne pouvait que voter ou rejeter les projets qui lui étaient proposés, sans qu'il lui fût permis de les discuter ou de les amender. Souvent aussi l'Irlande était obligée de subir, sans même que ses représentants en eussent eu la moindre connaissance, des lois que le Parlement anglais lui envoyait toutes faites. Cet état de choses fut modifié en 1782, et une certaine indépendance fut donnée au Parlement irlandais; mais l'embarras qui résultait de la coexistence de deux assemblées indépendantes, et les troubles qui éclatèrent en Irlande en 1798, engagèrent le gouvernement anglais à proposer l'acte d'union, en vigueur depuis 1801, et dont je vous rappellerai plus loin les dispositions principales.

Vers la fin du treizième siècle, la couronne d'Angleterre s'agrandit par une autre conquête. Défendus par les montagnes du pays de Galles, les débris des anciens Bretons avaient échappé aux Saxons et aux Normands. En 1282, Édouard Ier entreprit de soumettre leur pays, et l'annexa à l'Angleterre. Les Gallois gardèrent cependant leurs lois particulières jusqu'au règne de Henry VIII, qui les assimila entièrement au reste de l'Angleterre[1] en les assujettissant aux lois anglaises, et en substituant notamment le droit d'aînesse au partage égal entre les enfants.

En 1603, l'avénement de Jacques Ier au trône d'Angleterre réunit sur une même tête les deux couronnes d'Angleterre et d'Écosse[2]; chacun des deux

---

1. St. 27, Henry VIII, c. xxvi, xxxiv et xxxv.
2. St. 1, Jacques Ier, c. i.

pays conserva ses lois et son administration. Il y avait entre l'Angleterre et l'Écosse de grands rapports de langue, de religion et de lois. A ce dernier point de vue, la *Regiam majestatem*, le plus ancien livre connu sur la législation écossaise, expose des principes et des règles presque semblables à ceux que contient le traité écrit, sous Henry II, par Glanvil sur la législation anglaise. Cependant les lois saxonnes avaient été modifiées en Angleterre par les lois normandes, tandis que les lois normandes n'avaient pas pénétré en Écosse, où les institutions saxonnes s'étaient mêlées avec les institutions celtiques. — Les relations de ce dernier royaume avec la France eurent pour effet d'y faire prévaloir, plus qu'en Angleterre, le droit romain, et d'y altérer ainsi la *Common law*. — Le Parlement particulier qu'avait l'Écosse avant sa réunion à l'Angleterre, et qu'elle conserva jusqu'en 1707, contribua également à rendre la législation de ce pays différente de celle de l'Angleterre.

Les actes du Parlement sont, au dire des auteurs les plus compétents, la principale cause de la confusion des lois anglaises; la *Common law*, assurent-ils, était claire et d'une application facile avant que le Parlement n'y eût fait de fréquentes et parfois de malheureuses modifications. Edward Coke s'en plaignait déjà du temps de la reine Élisabeth.

Les actes d'union sont loin d'avoir fait cesser les différences qui existaient entre les trois royaumes, mais l'unité qu'ils n'ont introduite ni dans les lois ni dans l'administration, ils l'ont mise du moins dans le pouvoir législatif.

L'union de l'Angleterre et de l'Écosse, que des habitudes et des préjugés nationaux rendaient très-difficile à opérer, fut enfin consentie par les Parlements des deux royaumes, la cinquième année de la reine Anne[1]. A partir du 1er mai 1707, dit l'acte, les deux royaumes d'Angleterre et d'Écosse n'en feront qu'un seul, sous le nom de Grande-Bretagne; le Royaume-Uni sera représenté par un seul Parlement; l'impôt foncier levé en Écosse sera à l'impôt foncier levé en Angleterre dans la proportion de 48

---

1. Anne, St. 5, c. VIII.

à 2,000[1]; l'Écosse aura les mêmes monnaies, poids et mesures que l'Angleterre; elle conservera ses propres lois, sauf en ce qui concerne le commerce, les douanes et l'excise, matières qui seront régies par les lois anglaises. Les lois propres à l'Écosse pourront être changées par le Parlement de la Grande-Bretagne, mais avec cette distinction que les lois relatives au gouvernement civil, au droit public, à la police, pourront être modifiées par le Parlement à sa volonté tandis que celles relatives aux droits privés ne le seront que pour l'utilité évidente du peuple Écossais. L'acte d'union ou ses annexes garantissent l'inviolabilité et la perpétuité de l'Église épiscopale d'Angleterre et de l'Église presbytérienne d'Écosse.

Près d'un siècle plus tard, et après des efforts infructueux d'abord, Pitt parvint à faire passer l'acte

---

1. Lorsque le Parlement de la Grande-Bretagne aura décidé qu'une somme de 1,997,763 livres, huit sous quatre deniers, sera levée en Angleterre sur les biens fonciers ou autres choses taxées ordinairement dans ledit royaume, par ordre du Parlement, pour donner des subsides à la Couronne, l'Écosse sera chargée d'une somme de 48,000 livres, et ainsi dans cette proportion. (Anne, St. 5, c. viii, art. 9.)

d'union de l'Irlande[1] : le 1er janvier 1801, la Grande-Bretagne et l'Irlande ne formèrent plus qu'un État sous le nom de Royaume-Uni de la Grande-Bretagne et d'Irlande. Il n'y a plus, pour les deux pays, qu'un seul Parlement et leurs Églises sont unies en une seule Église protestante épiscopale, appelée l'Église unie d'Angleterre et d'Irlande. L'acte d'union laisse à chaque pays ses lois et ses tribunaux, sauf les modifications que, dans la suite, le Parlement pourra juger convenable d'y introduire.

Nonobstant l'union des trois royaumes en un seul, vous disais-je, de grandes différences existent encore entre les trois parties de la Grande-Bretagne. Il faut ajouter que, parmi les îles qui environnent l'Angleterre et qui en dépendent non à titre de colonies, mais comme partie intégrante de la mère patrie, plusieurs ont des lois particulières. Ainsi l'île de Man, achetée en 1765 par la couronne d'Angleterre, avait constitué jusque-là

1. St. 39 et 40, George III, c. LXI.

une espèce de souveraineté de second ordre exercée, sous l'autorité des rois d'Angleterre, par les comtes de Derby; elle n'a pas cessé, après l'achat qui en a été fait, d'être un territoire à part gouverné par ses propres lois. Ainsi encore les îles de Jersey, Guernesey, Sark, Alderney ou Aurigny, et leurs dépendances (fraction de l'ancien duché de Normandie), sont toujours régies par le Grand coutumier. C'est sur le sol anglais qu'il faut aller pour voir appliquer les anciennes lois françaises.

Ce rapide aperçu du passé de la France et de celui de l'Angleterre suffira pour vous rappeler les principes qui ont présidé à la formation et au développement du gouvernement des deux nations.

L'esprit de tradition et l'esprit aristocratique devaient préserver l'Angleterre des bouleversements sociaux. Une nation qui respecte son passé ne s'élance jamais vers l'avenir avec une impétuosité téméraire; une opposition dirigée par une aristocratie est toujours plus prudente et plus modérée dans sa marche qu'une opposition démocratique. Aussi l'Angleterre voit-elle se perpétuer, depuis plusieurs siècles, ses institutions politiques et administratives. Sa division territoriale est à peu près ce qu'elle était sous Alfred le Grand; l'organisation de son Parlement s'est maintenue presque sans altération depuis le commencement du quatorzième siècle; la chaîne du temps, rompue un instant par le Long-Parlement et par Cromwell, s'est naturellement renouée. L'Angleterre a retrouvé presque intactes, après la secousse révolutionnaire, ses lois et ses traditions.

Elle les a religieusement conservées; quelquefois trop lente à les améliorer, toujours assez sage — jusqu'ici — pour repousser loin d'elle la pensée de les détruire. Partout, dans ses institutions, la tradition nous apparaît encore escortée de ses avantages et de ses dangers; partout nous y voyons dominer un attachement aux institutions locales qui semble une émanation du sol de la Grande-Bretagne, tellement en ont été empreints, à toutes les époques, les peuples qui l'ont habité.

La révolution de 1789, au contraire, en modifiant profondément les institutions de la France, en substituant au régime du privilége celui de l'égalité, en ne laissant pas même subsister les noms qui jusque-là distinguaient les différentes provinces, a donné à la centralisation une force et une activité nouvelles, introduit l'uniformité dans les diverses branches des services publics, relié les traditions historiques à des principes rationnels, et permis enfin à Napoléon Ier de porter l'organisation administrative au plus haut degré de perfection.

Mais la France unitaire devait — plus facilement que l'Angleterre divisée d'intérêts, composée de provinces entre lesquelles n'existe aucune solidarité, qui, n'ayant ni les mêmes lois, ni les mêmes mœurs, ni les mêmes priviléges, ne pouvaient avoir des exigences identiques, et qui ont d'ailleurs obtenu, successivement, une certaine satisfaction de leurs besoins individuels, — la France devait, plus facilement que l'Angleterre, se laisser, de nouveau, entraîner sur la pente des révolutions.

Tant il est vrai qu'en politique, les meilleurs systèmes ont leurs côtés défectueux, et qu'il ne saurait y avoir de principes absolus !

LETTRES

SUR

LA CONSTITUTION DE 1852

AVANT-PROPOS.

Ces *Lettres* ne sont que la première partie d'un travail beaucoup plus étendu, mais encore inachevé, que j'ai entrepris sur l'administration française comparée à celle de l'Angleterre. Le retentissement de la discussion de l'adresse m'a décidé à les publier séparément. Peut-être apprécierez-vous mieux, après les avoir lues, le sens véritable des modifications que le décret du 24 novembre 1860 apporte à la Constitution du 14 janvier 1852.

D'autres plus autorisés que moi l'ont déjà indiqué : en dépit des tendances qui se sont manifestées dans de récents discours, les mesures libérales dont l'Empereur a pris l'heureuse initiative n'auront pas pour résultat le rétablissement de l'ancien régime parlementaire. — La France, éclairée par l'expérience, a fini par comprendre que ce régime si vanté ne pouvait enfanter que l'agitation et le désordre. Elle a accepté comme un bienfait des institutions qui, tout en empruntant aux idées de 1789 ce qu'elles ont de rationnel et de conforme aux progrès des mœurs, ont rendu au chef de l'État une sérieuse autorité, et elle veut résolûment leur maintien. Le décret du 24 novembre « n'altère en rien l'esprit de la Constitution[1]; » il n'est pas l'abandon des principes sur lesquels s'est appuyé jusqu'ici le gouvernement impérial, il est leur consécration. Le droit accordé à la nation de faire entendre l'expression de ses vœux à Celui qu'elle a chargé de ses destinées n'est, en effet, que la conséquence naturelle d'un système politique qui s'enorgueillit d'avoir eu pour base la volonté de tous. Rien n'est changé dans l'organisation des pouvoirs publics; malgré les concessions qui nous ont été faites, malgré d'autres améliorations que je crois désirables, ils sont et ils resteront, respectivement, tels que les a créés la Constitution de 1852. Et je pense vous en mieux convaincre par l'analyse rai-

1. Discours de l'Empereur à l'ouverture dé la session législative, le 4 février 1861.

sonnée de leurs attributions et par l'exposé des faits
que par des dissertations exclusivement théoriques.

Pour qu'une pareille étude soit profitable, il faut
complétement se dégager de l'esprit de parti; il
faut rester dans un juste milieu entre l'approbation
irréfléchie et le dénigrement prémédité. — Le *juste
milieu* n'a presque jamais existé en politique que
de nom; l'Angleterre vous en fournit chaque jour
une preuve nouvelle, et les conservateurs auxquels, sous le règne du roi Louis-Philippe, on
donnait cette qualification pittoresque, se montrè-
rent les aveugles partisans d'un régime dont ils
hâtèrent la chute par leur imprévoyante opiniâtreté.
De même qu'ils louaient tout systématiquement,
l'opposition attaquait tout sans mesure : journaux,
brochures, discours de tribune étaient consacrés
alors à la défense ou à la critique des actes du
gouvernement, selon la cocarde des orateurs et des
écrivains, et sans souci de la justice du blâme ou de
la sincérité de l'éloge. — Il en est résulté une sorte
de défiance instinctive de la part des masses, que ces
exagérations contradictoires auraient rendues scepti-
ques, si auprès d'elles les panégyristes du principe

d'autorité ne devaient pas toujours avoir moins de succès que ses détracteurs systématiques.

En cherchant à n'être que *vrai*, je parviendrai, je l'espère, à vous démontrer que notre mécanisme constitutionnel, assurément perfectible dans ses détails, contient du moins tous les éléments d'un gouvernement à la fois libéral et stable, et qu'il offre, plus que le vôtre lui-même, d'incontestables garanties non-seulement contre la révolution, mais contre l'arbitraire.

Quelque parfaite que soit d'ailleurs en théorie une constitution, sa valeur réelle varie suivant l'application des principes qu'elle consacre.

L'EMPEREUR. LES MINISTRES.

L'Empereur ne se trouve pas, comme votre reine[1]
et comme les autres souverains — qu'on nomme, je ne

1. *The king can do no wrong* (le roi ne peut mal faire), telle
est la formule de la constitution anglaise; mais elle est bien loin
de résumer aujourd'hui l'opinion que Jacques Ier avait de l'autorité
royale. « C'est athéisme et blasphème, écrivait-il, de disputer sur
la pensée de Dieu; les bons chrétiens se contentent de sa volonté,
révélée par sa parole. De même c'est présomption et manque de
respect au premier chef, de la part d'un sujet, que de disputer sur
le pouvoir d'un roi et de dire qu'un roi peut faire ceci ou cela. »
(*King Jame's Works*, p. 557). Le Parlement a maintenant le droit
de faire des lois sur toutes les matières, même en matière reli-
gieuse. « Son pouvoir est absolu et sans contrôle. » (*Stephen's
Blackstone*, t. II, p. 366.) Le souverain doit, à son avénement,
faire une déclaration contre le papisme, conformément à un statut
de Charles II, 30 st. s. 2, c. I : l'acte d'union avec l'Écosse l'oblige
aussi à jurer d'y maintenir la religion presbytérienne. (V. p. 234.)

sais trop pourquoi, constitutionnels[1] — à l'abri de toute
responsabilité directe ; il est au contraire le chef responsable du gouvernement français[2]. Il partage la
puissance législative avec le Sénat et avec le Corps
législatif[3] ; mais, comme pouvoir exécutif, son indépendance est complète[4], et les ministres n'ont, sous
aucun régime, mieux justifié leur titre de secrétaires

1. Tous les gouvernements, même les plus absolus, existent en
vertu d'une constitution.

2. Constitution du 14 janvier 1852, art 5.

3. *Id.*, art. 4.

4. L'Empereur a seul l'initiative des lois (*id.*, art. 8) ; seul il fait les
traités de paix, d'alliance et de commerce (*id.*, art. 6), sans être obligé,
comme la reine d'Angleterre, de les soumettre à la sanction des
Chambres. — Les traités de commerce faits en vertu de l'article 6
de la Constitution ont force de loi pour les modifications de tarif
qui y sont stipulées. (S.-C. du 25 décembre 1852, art. 3.) — Tous les
travaux d'utilité publique, toutes les entreprises d'intérêt général
sont ordonnés ou autorisés par décret de l'Empereur. Ces décrets sont rendus dans les formes prescrites pour les règlements
d'administration publique. Néanmoins, si ces travaux et entreprises ont pour condition des engagements ou des subsides du
Trésor, le crédit devra être accordé ou l'engagement ratifié par
une loi avant la mise à exécution. Lorsqu'il s'agit de travaux exécutés pour le compte de l'État, et qui ne sont pas de nature à devenir l'objet de concessions, les crédits peuvent etre ouverts, en cas
d'urgence, suivant les formes prescrites pour les crédits extraordinaires : ces crédits seront soumis au Corps législatif dans sa plus
prochaine session (*id.*, art. 4 modifié, en ce qui concerne les crédits
extraordinaires, par le sénatus-consulte du 31 décembre 1861).

d'État. Ce sont des conseillers officiels de la couronne sans responsabilité collective, chargés chacun d'un département spécial et travaillant séparément avec l'Empereur pour les affaires de ce département. La Constitution déclare que les ministres ne sont point solidaires[1]; et si le principe établi par elle avait été suivi littéralement, toutes les mesures auraient pu être décidées à l'insu de ce que vous appelez *le cabinet*[2]. — Les ministres se réunissent deux fois par semaine; mais on ne doit traiter en conseil que les questions dont il convient au chef de l'État de les saisir et sur lesquelles il ne les consulte qu'en réservant sa décision suprême. C'est là le droit. — Ai-je besoin d'ajouter que son application n'a jamais été rigoureuse? En fait, la situation des conseillers de la cou-

1. Les ministres ne dépendent que du chef de l'État; ils ne sont responsables que, chacun en ce qui le concerne, des actes du gouvernement. Il n'y a pas de solidarité entre eux (C. art. 13.)

2. Le nombre des ministres anglais n'est déterminé par aucun statut; en droit strict, le souverain nomme et révoque ceux qu'il lui plaît. Le chef du cabinet est le premier lord de la trésorerie. Il y a dans chacune des deux Chambres un ministre qui prend le rôle de ministre dirigeant, et qu'on nomme un *leader*. — En France, les ministres seuls sont membres du conseil; en Angleterre on y appelle quelques autres fonctionnaires. (V. p. 244.)

ronne diffère moins aujourd'hui qu'on ne le suppose de celle qu'avaient à une autre époque les membres du gouvernement; leur autorité personnelle, qui est, il est vrai, d'une autre nature, a plutôt augmenté qu'elle n'a diminué depuis le rétablissement de l'Empire.

Autrefois le conseil paraissait omnipotent; tout, jusqu'aux nominations des moindres fonctionnaires, devait lui être préalablement soumis, tout y était examiné, discuté, et lorsque le souverain se trouvait en désaccord avec ses ministres, il n'avait d'autre alternative que de subir leur opinion, ou, ce qui était souvent difficile, leur donner des successeurs. « *Le roi règne*, disait-on alors, *il ne gouverne pas.* » Mais ce mot ingénieux d'un homme politique éminent était-il exact dans la pratique ? et serait-il plus applicable à l'Angleterre elle-même qu'à la France, si, à la place d'une reine inoffensive, elle avait un roi comme Robert Peel ou lord Palmerston ? Le prestige de l'autorité suprême, rehaussé par une véritable capacité, pèsera toujours d'un grand poids dans la destinée des gouvernements parlementaires. D'ailleurs, cette solidarité des ministres, que ne peut plus motiver au même degré le besoin de préparer une défense commune devant les Chambres, n'était pas sans inconvénients. Nécessaire à leur intérêt collectif, elle était essentiellement nuisible à leur action individuelle. Aucun d'eux ne devait rien faire d'important sans l'assentiment de ses collègues; absorbés par les exigences quotidiennes de la tribune, harcelés par la presse, obligés de compter avec une majorité insatiable dont ils n'étaient jamais absolument sûrs, ils pouvaient à peine suffire à leur tâche et négligeaient forcément la direction des affaires du département qui leur était confié pour se consacrer à la politique, c'est-à-dire pour disputer leurs porte feuilles à d'habiles et infatigables rivaux[1].

Je vous fais ici votre propre histoire; c'est ce qui

1. L'extrait suivant d'un travail qui, sous la même forme que celui-ci, a été publié il y a vingt ans, et qui est dû à l'une des notabilités du régime parlementaire, m'a paru digne d'être cité à l'appui de mon opinion : « Un jeune homme inconnu, dit M. de Carné, trouve dans son petit arrondissement soixante-quinze parents, alliés ou condisciples, sur cent cinquante électeurs inscrits, qui consentent à lui ouvrir l'accès des affaires publiques, où il reçoit pour mission de soigner en même temps et ses propres intérêts et ceux de ses amis. — Il arrive à la Chambre, aborde la tribune et s'y tient bien. Il a grand soin de se placer dans les conditions requises pour naviguer toujours avec la presse, et recevoir

se passe non-seulement en Angleterre, mais en Bel-
gique, en Piémont, en Espagne et en Prusse, partout
enfin où le régime parlementaire s'est plus ou moins
heureusement développé ou maintenu. Une longue
habitude, des mœurs différentes des nôtres atténuent
chez vous les inconvénients de ce régime; il faut con-

dans ses voiles le souffle quotidien de ses organes. La France ne
sait encore rien de lui, sinon qu'il a prononcé quelques discours
heureux : elle ignore quel gage il offre à la morale publique par
son caractère et par sa vie, de quelle puissance d'application, de
quelle prudence et de quelle mesure il peut être doué pour les affaires, et déjà peut-être le voilà ministre. Il dirige, à la tête de
l'instruction publique, le mouvement intellectuel d'un grand
royaume : il a charge d'y combiner l'ensemble des plus gigantes-
ques travaux ; il préside son conseil d'État, choisit ses magistrats,
élabore et tranche les plus hauts problèmes de la législation civile
et criminelle ou de l'économie politique. Si vous exceptez, et je
ne saurais trop vous dire pourquoi, les départements de la guerre
et de la marine, il peut, sur le succès d'une session, quelquefois
sur le résultat d'une intrigue, aspirer à tous les portefeuilles, conquérir les honneurs qui devraient être le couronnement de toute
une existence. la consécration d'une renommée déjà européenne.
C'est ainsi que le pays qui impose le concours ou les épreuves
les plus difficiles pour les plus modestes fonctions, et qui tend de
plus en plus à généraliser cette pratique salutaire, prend tous ses
agents politiques au hasard ou à l'essai, sans autre garantie que
des succès de tribune unis à quelque souplesse dans l'escrime parlementaire. » (*Lettres sur le gouvernement représentatif en France,*
par M. L. de Carné.) — Il est impossible de mieux définir les abus
d'un système qui improvisait homme d'État quiconque était doué
d'une parole facile.

naître exactement votre caractère national et votre
organisation administrative pour expliquer la longue
et pacifique durée de votre système politique. Mais le
triomphe de la nouvelle réforme dont vous êtes le pro-
moteur ne deviendra-t-il pas un jour l'une des
causes principales d'une autre réforme plus radicale
et plus dangereuse ? — Les traditions surannées et les
abus eux-mêmes sont peut-être la pierre angulaire de
votre édifice social[1].

Nos ministres, vous disais-je, se trouvent isolés
les uns des autres par la Constitution et semblent
cantonnés dans leurs départements respectifs. A moins
de circonstances exceptionnelles, à moins qu'ils ne
veuillent répudier la responsabilité exclusive de certains actes, ils ne sont tenus de communiquer leurs
projets qu'à l'Empereur, ils ne doivent les discuter
qu'avec lui. Assurés de son assentiment, ils n'ont, en
droit strict, nul besoin de celui de leurs collègues. Or,

1. « C'est à l'étroite union des droits électoraux avec une multitude d'autres droits locaux ou pub ics que le système électoral a
dû, en Angleterre, sa force et sa permanence. » (Guizot, *Des origines du gouvernement représentatif*, t. II, p. 224.)

l'Empereur, quel que soit son génie, ne pouvant avoir une somme de connaissances spéciales égale à celle que possède chacun de ses conseillers, leur influence est d'autant plus grande que leur mérite est plus facilement apprécié. — Je me hâte de vous rappeler, toutefois, que dans les questions importantes, l'Empereur ne prend de résolution définitive qu'après avoir consulté le conseil des ministres, auquel il a souvent adjoint les membres du conseil privé.

La Constitution dégage le gouvernement impérial des fictions menteuses sur lesquelles s'appuyaient les gouvernements parlementaires, mais elle laisse aux ministres la part de responsabilité relative qui incombe en France aux divers agents du pouvoir. Leur isolement, plus apparent que réel, ne serait regrettable que s'ils étaient obligés de sacrifier l'administration à la politique. Étant délivrés de toute responsabilité gouvernementale, ils peuvent se rendre un compte exact de toutes les affaires, consacrer à leur sérieuse étude le temps qu'on employait à des discussions stériles, ne négliger aucun détail et remplir auprès du souverain une mission analogue à celle dont sont chargés auprès d'eux-mêmes les directeurs des différents services. Ouvrez le *Moniteur* de ces dix dernières années, comparez-le à celui des vingt années qui ont précédé l'Empire, et vous verrez quelles ont été, au point de vue du bien-être et de la prospérité générale, de l'impulsion donnée au commerce et à l'industrie et des améliorations de tout genre, les conséquences du système qui a succédé au régime parlementaire.

Le décret du 24 novembre modifiera-t-il sensiblement cette situation des ministres? Je ne le crois pas. Sans doute leurs réunions en conseil, surtout pendant la durée des sessions, n'auront pas le même caractère [1], et les orateurs officiels du gouvernement devront à peu près tout connaître. Mais le rejet des projets de loi défendus par MM. Baroche, Magne et Billault [2] — qui, dans quelques circonstances, sera pour l'Empereur une utile indication des sentiments

---

1. Le président du Sénat et le président du Corps législatif assistent aux réunions du conseil des ministres, pendant la durée des sessions. En Angleterre, le président du conseil privé (*lord president of the council*) est nécessairement membre du conseil des ministres.
2. Aujourd'hui par M. Rouher et par M. Rouland.

de la Chambre à l'égard de l'un de ses conseillers —
ne compromettra pas plus l'existence du cabinet tout
entier dont ils font partie à un titre spécial, que ne
l'aurait compromise autrefois le retrait de certains
projets dont M. Baroche (alors comme aujourd'hui
membre du conseil des ministres) était le seul défenseur[1].

L'institution des ministres sans portefeuille n'est
point, comme on l'a prétendu, une innovation irréfléchie qui fera naître d'inévitables conflits. Elle
n'aboutira pas fatalement au retour des vieux usages parlementaires. Dans les temps de trouble et
d'agitation constante auxquels voudraient nous ramener ceux pour qui l'expérience n'est pas un enseignement, deux ou trois membres du cabinet, plus
habitués que leurs collègues aux luttes de la tribune,
ne supportaient-ils pas, presque exclusivement, le
poids des discussions? Cela paraissait-il étrange et
anormal? L'influence que la parole donnait à ces élo-

1. Pendant neuf ans, l'honorable M. Baroche n'a eu que des
conseillers d'État pour auxiliaires dans la défense des projets de
loi; et nos adversaires eux-mêmes ont été forcés de reconnaître la
merveilleuse souplesse de son talent et la facilité avec laquelle il
discute toutes les affaires.

quents interprètes de la pensée commune n'inquié-
tait aucune susceptibilité. — La situation des nouveaux
orateurs du gouvernement ne sera pas prépondérante,
car la durée de leur mission spéciale sera courte. Sauf
de rares exceptions, ils n'interviendront guère devant
nous qu'à l'occasion des débats de l'adresse et du
budget ; pendant l'intervalle des sessions, leur pouvoir se trouvant plus limité, leur action sera plus
restreinte que celle des ministres qui conservent le
maniement des affaires. Ce sont uniquement des col-
laborateurs du président du conseil d'État, représentant le gouvernement au même titre que lui, soit
auprès du Sénat, soit auprès du Corps législatif, et
qui viennent de prouver qu'ils suffisaient à leur mandat. — Le nombre en serait d'ailleurs augmenté, suivant les éventualités qui se produiraient[1].

1. Un décret du 23 juin 1863 a supprimé la dénomination de
ministres sans portefeuille. « Les fonctions de ces ministres, dit le
décret, sont placées dans les attributions du ministre d'État, » qui
est actuellement chargé, avec le ministre présidant le conseil
d'État, de défendre les projets du gouvernement devant le Sénat
et devant le Corps législatif. — En réalité, ce n'est pas là la suppression de l'institution des ministres sans portefeuille, mais simplement la suppression de l'un d'eux, puisque le décret qui charge
de leurs fonctions le ministre d'État, lui enlève en même temps ses

Les relations, très-fréquentes et obligatoires, des ministres sans portefeuille avec le conseil d'État permettront aux ministres titulaires d'un département de s'y faire quelquefois suppléer par eux, et de se renfermer ainsi dans un rôle plus particulièrement administratif.

Leur position respective est moins naturelle au Sénat, où les uns parlent seuls au nom du gouvernement, et où les autres ne doivent exprimer leur opinion que comme sénateurs, même sur les affaires qui les concernent comme ministres.

La question de savoir si tous les ministres ont ou n'ont pas le droit de soutenir en personne les projets

anciennes attributions administratives, « vide son portefeuille, » pour me servir d'une expression employée par M. Thiers pendant la discussion de l'adresse de 1864, et puisque le président du conseil d'État conserve le titre de ministre. — Il n'est pas inutile de rappeler à ce propos que l'acte additionnel aux constitutions impériales du 22 avril 1815 (art. 18 et 19) créait, sous le titre de ministres d'État, de véritables ministres sans portefeuille.

L'institution — qui pourrait bien n'être pas définitive — de deux nouveaux vice-présidents effectifs du conseil d'État (D. du 18 octobre 1863) et d'un vice-président honoraire, prenant également part à toutes les discussions, a eu pour but d'obvier aux inconvénients pouvant résulter de la suppression d'un des ministres sans portefeuille. (*V.* p. 111.)

de loi devant le Corps législatif, et les projets de sénatus-consulte devant le Sénat, aurait été digne d'examen; l'Empereur l'a, selon moi, implicitement résolue par l'institution des ministres sans portefeuille.
En partant de ce principe élémentaire qu'on peut
tout ce qui n'est pas formellement interdit par la loi,
il est évident que le droit existe. Il serait trop rigoureux de faire résulter une pareille interdiction de
l'article de la Constitution qui déclare incompatible le
mandat de député avec les fonctions ministérielles[1].

Les ministres pairs de France portaient la parole
devant la Chambre des députés, et les ministres députés la prenaient à la Chambre des pairs, quoique ni
les uns ni les autres ne fissent à la fois partie des deux
Chambres. La Charte de 1814 et celle de 1830[2] étaient
plus explicites que la Constitution de 1852; cependant,
n'est-on pas aujourd'hui fondé à dire qu'en l'absence
de disposition formelle, tous les membres du cabinet,
ayant les mêmes droits que les conseillers d'État,

---

1. C., art. 44. — L'acte additionnel du 22 avril 1815 interdisait,
par une disposition spéciale, aux ministres ayant département de
venir devant les Chambres (art. 46). Cette interdiction n'a pas été
reproduite par la Constitution de 1852.

2. Charte de 1814, article 54. — Charte de 1830, article 47.

pourraient, eux aussi, être désignés comme commissaires du gouvernement[1]? La création, par un simple décret, de ministres chargés de la défense des projets de loi ne me semble pas, je le répète, laisser de doute à ce sujet[2].

Si la lettre de la Constitution ne s'oppose pas à l'intervention des ministres dans les débats législatifs, son esprit est contraire à une résurrection, directe ou indirecte, du régime parlementaire ; le jour où l'exception deviendrait la règle, et où ils se présenteraient tous devant la Chambre, ce ne seraient plus les projets de loi qui seraient en discussion, ce serait le gouvernement.

---

1. Les ministres ont rang, séance et voix délibérative au conseil d'État. (C., art. 53.) Les messages et proclamations que l'Empereur adresse au Corps législatif sont apportés et lus en séance par les ministres ou les conseillers d'État commis à cet effet. (Décret impérial du 31 décembre 1852, art. 61.)

2. L'article 5 du décret du 24 novembre 1860 est ainsi conçu : « L'Empereur désignera des ministres sans portefeuille pour défendre devant les Chambres, de concert avec le président et les membres du conseil d'État, les projets de loi du gouvernement. » — Et l'article 4 du règlement du 3 février 1861 porte « qu'un décret de l'Empereur nomme les commissaires du gouvernement — sans indiquer que ce seront des ministres sans portefeuille — ou des conseillers d'État qui doivent soutenir la discussion. »

La tâche des ministres auxquels est spécialement réservée l'administration de la France restera facile, car ils sont moins soumis que leurs devanciers aux ardentes critiques de la presse et au contrôle des influences individuelles, autrefois dominantes. Les sénateurs, les députés, n'ayant pas sur eux la même action comminatoire, lorsqu'ils accueillent les observations des membres des deux Chambres, ils ne sont plus soupçonnés de conclure une transaction. Leur unique devoir est maintenant de diriger avec sagesse leurs départements respectifs, de ne soumettre à l'approbation du chef de l'État que d'utiles mesures, et de ne jamais oublier que si la Constitution les rend irresponsables, l'opinion publique sera pour eux un juge plus sévère, parce qu'il est plus impartial, que ne l'étaient les anciennes assemblées.

Tels sont les ministres sous le nouvel Empire. Ils ne peuvent pas espérer conquérir un jour l'importance politique de ceux qui n'ont su ni prévoir ni réprimer la révolution de 1848 ; mais rien ne les empêche d'aspirer à la gloire plus solide de Colbert et de Sully.

LE CONSEIL PRIVÉ.

L'institution d'un conseil privé, qui n'a avec le vôtre aucune ressemblance, n'a point amoindri les ministres qui n'en font pas partie[1]. Les craintes que quelques-uns d'entre eux auraient pu concevoir ne se sont pas réalisées. Le conseil privé ne se réunit que très-rarement. C'est surtout une précaution pour l'avenir; c'est un conseil de régence éventuel[2] composé

1. Dans l'ordre des préséances, chose étrange assurément, les membres du conseil privé passent en France après les ministres.

2. Le conseil privé deviendra, avec l'adjonction des deux princes français les plus proches dans l'ordre d'hérédité, conseil de régence, dans le cas où l'Empereur n'en aurait pas désigné un autre par acte public (D. I. du 1er février 1858). — L'Empereur est mineur jusqu'à l'âge de dix-huit ans accomplis. Si l'Empereur monte sur le trône sans que l'Empereur son père ait disposé, par acte rendu public avant son décès, de la régence de l'Empire, l'Impératrice mère est régente et a la garde de son fils mineur. (S.-C. du 17 juillet 1856, art. 1 et 2.) — Louis-Napoléon Bonaparte règle par un

de personnages qui y ont été appelés à cause de leur situation particulière ou de leurs fonctions, et qui est un peu trop nombreux pour le but en vue duquel il a été créé. Vous voyez qu'il n'a pas d'autre analogie que celle du nom avec votre *privy council*, dont les attributions auraient plutôt quelques rapports éloignés avec notre conseil d'État.

décret organique adressé au Sénat et déposé dans ses archives, l'ordre de succession au trône dans la famille Bonaparte, pour le cas où il ne laisserait aucun héritier direct, légitime ou adoptif. A défaut d'héritier légitime ou d'héritier adoptif de Louis-Napoléon Bonaparte et de ses successeurs en ligne collatérale, qui prendront leur droit dans le décret organique susmentionné, un sénatus-consulte, proposé au Sénat par les ministres formés en conseil de gouvernement, avec l'adjonction des présidents en exercice du Sénat, du Corps législatif et du conseil d'État, et soumis à l'acceptation du peuple, nomme l'Empereur et règle dans sa famille l'ordre héréditaire de mâle en mâle, à l'exclusion perpétuelle des femmes et de leur descendance. (S.-C. du 7 novembre 1852, art. 4 et 5.) — Les statuts 13 d'Élisabeth, c. i et vi, et d'Anne, c. vii, déclarent coupable de haute trahison celui qui nierait le droit qu'a la reine, avec le concours du Parlement, de limiter l'ordre de succession au trône. — Les femmes n'y sont appelées qu'à défaut d'enfants mâles.

LE CONSEIL D'ÉTAT.

Je n'ai pas la prétention de vous faire ici l'historique du conseil d'État ; je craindrais de fatiguer votre attention par de trop longs détails. Toutefois il n'est pas sans intérêt de vous rappeler que s'il n'a qu'une ressemblance très-contestable avec votre conseil privé, son origine est à peu près la même. A toutes les époques, dans tous les pays, les souverains ont compris l'utilité d'avoir auprès d'eux, et en dehors des agents directs de leur autorité, un ou plusieurs conseils qu'ils se réservaient de consulter, habituellement ou dans des cas particuliers. En Angleterre, le conseil privé est resté, comme toutes les autres institutions administratives, à l'état primitif, tandis qu'en

France il s'est successivement développé, modifié et transformé depuis les ordonnances de 1644 et de 1657 et l'édit de 1673, jusqu'au décret organique de 1852 [1].

Je n'affirmerai pas néanmoins que, quelque bien organisé qu'il soit aujourd'hui, le conseil d'État ne puisse recevoir encore diverses améliorations ; vous en apprécierez l'opportunité lorsque vous connaîtrez sa constitution générale [2].

1. Ordonnances de 1644 et de 1657, édit du 3 janvier 1673, ordonnances de d'Aguesseau de 1737 et 1738, ordonnance de Louis XVI du 9 août 1789, décret de l'Assemblée constituante du 19 août 1790, lois du 11 septembre, du 14 octobre et du 1er décembre 1790, lois du 25 mai 1791, article 52 de la constitution de l'an VIII, arrêté consulaire du 5 nivôse an VIII, sénatus-consulte du 18 fructidor an X, arrêté du 19 germinal an XI, sénatus-consulte du 24 floréal an XII, décrets des 11 juin 1806, 26 décembre 1809, 7 avril 1811, ordonnance du 29 juin 1814, ordonnance du 23 août 1815, ordonnance du 26 août 1824, ordonnance du 1er juin 1828, ordonnances des 2 février et 12 mars 1831, ordonnance du 18 septembre 1839 et règlement intérieur du conseil d'État du 19 juin 1840, loi du 19 juillet 1845, ordonnance du 30 novembre 1845, Constitution de 1848, loi du 3 mars 1849, règlement du 16 juin 1850, décret organique du 25 janvier 1852, règlement du 30 janvier 1852, décrets des 22 mars et 31 décembre 1852 ; décrets spéciaux du 25 mars 1852 sur la décentralisation administrative, du 25 novembre 1853, 3 juillet 1857, des 6 novembre 1858 et 16 mai 1863, du 10 octobre 1860, des 22 décembre 1860 et 23 janvier 1861, règlement du 3 février 1861, décret du 18 octobre 1863.

2. Aux termes de l'article 52 de la constitution du 22 frimaire

Le conseil d'État est l'un des rouages essentiels du nouvel Empire ; c'est un utile contre-poids au libre arbitre des ministres, qui sont obligés de soumettre à son contrôle permanent non-seulement le budget et tous les projets de loi ou de sénatus-consulte, mais les virements de crédits, les règlements d'administration publique et tous les décrets qui ont une certaine importance[1]. « Il rédige les projets de loi et prépare les décrets qui statuent sur les affaires administra-

an VIII, le conseil d'État était chargé, sous la direction des consuls, de la rédaction des lois, et ses membres soutenaient devant le Corps législatif la discussion des projets. Les nécessités de la pratique lui firent confier encore le soin d'examiner les amendements qui étaient présentés, sous forme d'observations, par les sections du Tribunat auxquelles les projets étaient officieusement communiqués avant leur présentation au Corps législatif. Cette pratique fut consacrée par les articles 95 et suivants du sénatus-consulte du 24 floréal an XII. Lorsque le Tribunat eut été supprimé, en 1807, les commissions permanentes formées dans le sein du Corps législatif, pour l'étude des lois, eurent aussi le droit de présenter des observations que le conseil d'État était appelé à examiner. Ce conseil était en outre fréquemment chargé, par des décisions spéciales de l'Empereur, de rédiger les projets de sénatus-consulte dont les lois constitutionnelles ne lui avaient pas attribué la préparation. (*Rapport adressé à l'Empereur* par le président du conseil d'État, le 30 mars 1862.)

1. Les projets de loi et de sénatus-consulte, les règlements d'administration publique préparés par les différents départements ministériels, sont soumis à l'Empereur, qui les remet directement

tives dont l'examen lui est déféré par des dispositions législatives ou réglementaires, sur le contentieux administratif, sur les conflits d'attribution entre l'autorité administrative et l'autorité judiciaire ; il est nécessairement appelé à donner son avis sur tous les décrets portant règlement d'administration publique ou qui doivent être rendus dans la forme de ces règlements ; il connaît des affaires de haute police administrative à l'égard des fonctionnaires dont les actes sont déférés à sa connaissance ; enfin il donne son avis sur toutes les questions qui lui sont soumises par l'Empereur. » (Décret organique du 25 janvier 1852, art. 1er.) — Cet article est complété par l'article 13 du règlement intérieur du 30 janvier, qui fait l'énumération des affaires portées à l'assemblée générale. (Voy. page 117.) — Mais le décret sur la décentralisation administrative du 25 mars suivant a enlevé à l'examen du conseil d'État un assez grand nombre d'affaires d'intérêt départemental ou communal, que l'autorité locale (le préfet) décide seule aujourd'hui.

ou les fait adresser par le ministre d'État au président du conseil d'État. (Décret impérial du 31 décembre 1852, confirmé par celui du 3 février 1861.)

Il ne doit plus statuer que sur les affaires départementales ou communales qui touchent à l'intérêt général de l'État, telles que l'approbation du budget des départements, les impositions extraordinaires et les délimitations de territoire [1].

Il se compose d'un président, de trois vice-présidents, de cinquante conseillers en service ordinaire, de dix-neuf conseillers en service ordinaire hors section; de conseillers en service extraordinaire dont le nombre ne peut s'élever au delà de vingt; de quarante maîtres des requêtes partagés également en deux classes; de quatre-vingts auditeurs, dont quarante de première classe et quarante de seconde classe, et d'un secrétaire général qui a rang de conseiller [2]. L'Empe-

1. La moyenne des affaires d'intérêt départemental ou communal examinées chaque année par le conseil d'État, avant le décret du 25 mars 1852, était de 5,900; elle n'est plus maintenant que de 2,624. C'est une diminution de 3,300 par année.

2. Le décret organique décidait que le conseil d'État, présidé par le Président de la République, aurait *un* vice-président. Maintenant, outre le ministre président, il y a trois vice-présidents effectifs et un vice-président honoraire, qui sont plus spécialement chargés de seconder le président de ce conseil et le ministre d'État dans la défense des projets de loi et de sénatus-consulte (D. I. du

reur nomme et révoque tous les membres du conseil d'État. Ils ne peuvent être en même temps sénateurs ou députés, contrairement à ce qui se passait autre-

18 octobre 1863, art. 3, *V*. p. 99). Ce décret, qui augmente de deux le nombre des vice-présidents effectifs, aurait été inconstitutionnel s'il en était résulté une augmentation dans le nombre des conseillers d'État, ce nombre ayant été fixé par le décret-loi du 25 janvier 1852, qu'une loi peut seule modifier. Mais bien qu'on doive dire qu'il eût été plus régulier de ne faire subir aucune espèce de modification aux décrets rendus à une époque où tous les pouvoirs étaient réunis dans la même main, sans faire ratifier législativement cette modification, du moment où le nombre des conseillers en service ordinaire, y compris les deux nouveaux vice-présidents, ne dépasse pas le chiffre maximum déterminé par le décret organique, il serait bien rigoureux de considérer comme nconstitutionnel ce qui n'est plus qu'un simple changement dans la hiérarchie du conseil d'État. — Quant à la création d'un service extraordinaire pour les maîtres des requêtes et pour les auditeurs (V. p. 131) et à l'élévation du nombre des auditeurs de quarante à quatre-vingts (D. I. du 25 novembre 1853); quant à l'augmentation du chiffre des conseillers hors sections, porté successivement de quinze à dix-huit, puis à dix-neuf (décrets du 6 novembre 1858 et 16 mai 1863), il est évident que ce sont là des mesures qu'on aurait dû soumettre à notre sanction. — J'en dirai autant de celle qui, après avoir divisé les auditeurs en deux classes, la première comprenant vingt auditeurs seulement, et la seconde soixante (D. I. du 25 novembre 1853), les divise en deux classes de quarante chacune (D. I. du 10 octobre 1860), et de la décision qui donne au secrétaire général du conseil le titre et le rang de conseiller d'État (D. I. du 3 juillet 1857), au lieu de ceux de maître des requêtes que lui attribuait le décret organique. — (Voir page 134, note 2, ce qui concerne l'introduction du préfet de la Seine dans le conseil d'État.)

fois, et leurs fonctions sont incompatibles avec toute autre fonction publique salariée [1]. Il n'y a d'exception à cette règle que pour les officiers de terre et de

1. Le cumul de fonctions salariées était autorisé par la Restauration. Sous la monarchie de 1830, on pouvait être à la fois conseiller d'État en service ordinaire et pair de France ou député; mais le cumul de fonctions rétribuées était interdit.—Aujourd'hui, le traitement du président du conseil d'État est, comme celui des ministres, de 100,000 fr. (il a en outre une indemnité de 30,000 fr. pour frais de représentation) ; celui des vice-présidents est de 60,000 fr.; les présidents de section reçoivent 35,000 fr., les conseillers en service ordinaire 25,000 fr. (les conseillers hors section ou en service extraordinaire ne touchent aucun traitement en cette qualité), les maîtres des requêtes de première classe 10,000 fr., ceux de deuxième classe 6,000 fr. et les auditeurs de première classe, qui sont seuls rétribués, 2,000 fr. Le secrétaire général, en vertu du décret organique, n'avait que 15,000 fr., il est maintenant traité comme les conseillers d'État. On a suivi sous Napoléon III les traditions du premier Empire. — Mais l'énorme disproportion qui existe entre le traitement des conseillers d'État et celui des maîtres des requêtes qui, s'ils sont de deuxième classe, se trouvent moins bien rétribués que des chefs de bureau, ne se justifie guère. — Les proportions étaient mieux réglées autrefois. Sous la Restauration, tous les conseillers recevaient 16,000 fr. indistinctement. Le conseil était alors présidé par le ministre de la justice et, en son absence, par le ministre de l'intérieur ou par celui des finances; et sous le premier Empire, c'était l'archichancelier qui présidait en l'absence de l'Empereur. Sous Louis-Philippe les conseillers eurent d'abord 12,000 fr., puis 15,000, et les présidents de section 18,000. Le vice-président ne recevait que 20,000 fr. Le conseil était présidé par le garde des sceaux. Enfin, sous la république, les présidents de section avaient 15,000 fr. et les conseillers 12,000. Le traitement des maîtres des requêtes a varié de 5 à 6 et 8,000 fr.

mer, qui sont alors considérés comme étant en mission hors cadre.

Le conseil d'État se divise en cinq sections répondant aux divers services publics, et en une section spécialement chargée de résoudre les nombreuses difficultés qui s'élèvent entre l'État et les particuliers. Ce sont : 1° la section de législation, justice et affaires étrangères, présidée par un des vice-présidents du conseil[1] ; 2° la section de l'intérieur, de l'instruction publique et des cultes[2] ; 3° la section des travaux publics, de l'agriculture et du commerce [3] ; 4° la section de la

1. Cette section, outre les attributions qui sont indiquées par son titre, est chargée de l'examen des poursuites intentées contre les agents du gouvernement, des recours ou appels comme d'abus, des changements ou additions de nom et des naturalisations ordinaires ou exceptionnelles. Le président du conseil d'État peut toujours la réunir à telle autre section spécialement chargée de la préparation d'une loi ou d'un règlement d'administration publique. (R. art. 7.)

2. De 1852 à 1860; la section de l'intérieur, de l'instruction publique et des cultes a statué sur 44,566 affaires. Elle a adopté 43,011 projets de décrets, et elle a donné 1,555 avis.

3. La section des travaux publics, pendant la même période, a adopté 5,538 projets de décrets, et elle a émis son opinion sur 1,633 affaires.

guerre et de la marine[1]; 5° la section des finances [2];
6° enfin la section du contentieux, dont je vous ex-
pliquerai sommairement le rôle considérable.

Sauf cette dernière section, qui a des analogies
réelles avec le comité judiciaire (*judicial committee*)
du conseil privé[3], rien de tout cela n'existe en
Angleterre. Aussi lord Brougham, dont vous ne
récuserez pas le témoignage, a-t-il pu se plaindre
très-vivement, dans son *Essai sur la Constitution*,
de la négligence avec laquelle les actes du Parlement sont préparés. « C'est, dit-il, un reste du bon
vieux temps et de l'habitude de tout laisser faire
aux commis [4]. »

1. La section de la guerre et de la marine (qui s'occupe également
des affaires des colonies et de l'Algérie) a revisé la liquidation de
34,722 pensions dépendant du ministère de la guerre, et de
34,632 du ministère de la marine.

2. Toutes les liquidations de pensions civiles sont réservées à la
section des finances. Cette section fait à l'assemblée générale les
rapports des projets de règlement relatifs aux caisses de retraite des
administrations publiques. (Art. 9, D. O.) La section des finances
a examiné, en neuf ans, 21,111 pensions civiles.

3. Cependant, en France, les arrêts du conseil d'État doivent
être sanctionnés par l'Empereur, tandis qu'en Angleterre ceux du
conseil privé sont exécutoires sans que la reine ait à intervenir.
(V. p. 242.)

4. Page 52.

Le conseil d'État a des attributions à la fois politiques et administratives. Son président a le rang de ministre[1], — il reflète auprès de lui la pensée gouvernementale, — et les ministres eux-mêmes en font partie de droit[2]; si tous ne défendent pas devant le Corps législatif et devant le Sénat les projets de loi et de sénatus-consulte, tous peuvent les discuter avec le conseil d'État. S'ils n'y viennent pas en personne, ils s'y font représenter par ceux de leurs chefs de service qui ont le titre de conseillers hors section.

Lorsque le conseil d'État en assemblée générale (toutes les sections réunies) a adopté un projet de loi ou de sénatus-consulte, il se l'approprie en quelque sorte; ce sont ses délégués qui le présentent au Corps législatif et au Sénat et qui, seuls ou de concert avec les ministres sans portefeuille, sont chargés d'en soutenir la discussion[3]. Mais avant d'être discutés en

1. Depuis le décret du 24 novembre, le président du conseil d'État a pris le titre de ministre. — L'Empereur préside, quand il le juge convenable, le Sénat et le conseil d'État. (S.-C. du 25 décembre 1852, art. 2.)

2. D. O., art. 3.

3. L'Empereur désigne trois conseillers d'État pour soutenir la

assemblée générale, les projets du gouvernement — qu'il s'agisse d'une loi, d'un sénatus-consulte, d'un règlement d'administration publique ou d'un simple décret — doivent être préalablement soumis à l'examen de la section du conseil à laquelle ils correspondent[1]; et ce n'est qu'après avoir été acceptés par cette section et sur l'exposé verbal d'un de ses membres[2] (conseiller d'État ou maître des requêtes, suivant la gravité des affaires) qu'ils sont renvoyés aux sections réunies [3].

discussion de chaque projet de loi présenté au Corps législatif ou au Sénat. L'un de ces conseillers peut être pris parmi les conseillers en service ordinaire hors section. (D. O., art. 15.) Cet article est confirmé par l'article 4 du décret réglementaire du 3 février 1861.

1. Les différentes sections administratives sont chargées de l'examen des affaires afférentes aux divers départements ministériels auxquels elles correspondent. Elles sont également chargées, sur le renvoi de l'Empereur, de rédiger les projets de loi qui se rapportent aux matières rentrant dans les attributions de ces départements. (R., art. 7.)

2. Les rapporteurs sont ordinairement désignés par les présidents de section; mais cette désignation peut être faite par le président du conseil d'État. (*Id.*, art. 1ᵉʳ.)

3. Sont portés à l'assemblée générale du conseil d'État : les projets de lois et les projets de règlements d'administration publique; les projets de décret qui ont pour objet : 1° l'enregistrement des bulles et autres actes du saint-siége; 2° les recours pour abus;

Tous les amendements proposés par le Corps législatif deviennent également l'objet des délibérations

3° les autorisations de congrégations religieuses et la vérification de leurs statuts; 4° les prises maritimes; 5° les concessions de portions du domaine de l'État et les concessions de mines, soit en France, soit en Algérie; 6° l'autorisation ou la création d'établissements d'utilité publique fondés par les départements, les communes ou les particuliers; 7° l'établissement de routes départementales, de canaux et chemins de fer d'embranchement, qui peuvent être exécutés par décrets du pouvoir exécutif; 8° la concession de dessèchements; 9° la création de tribunaux de commerce et de conseils de prud'hommes; la création ou la prorogation de chambres temporaires dans les cours ou tribunaux; 10° l'autorisation de poursuites intentées contre les agents du gouvernement; 11° les naturalisations, révocations et modifications des autorisations accordées à des étrangers d'établir leur domicile en France; 12° l'autorisation aux établissements d'utilité publique, aux établissements ecclésiastiques, aux congrégations religieuses, aux communes et départements d'accepter des dons et legs dont la valeur excéderait 50,000 fr.; 13° les autorisations de sociétés anonymes, tontines, comptoirs d'escompte et autres établissements de la même nature; 14° l'établissement de ponts avec ou sans péage; 15° le classement des établissements dangereux, incommodes ou insalubres, la suppression de ces établissements dans les cas prévus par le décret du 15 octobre 1810; 16° les tarifs des droits d'inhumation dans les communes de plus de 50,000 âmes; 17° les établissements ou suppressions de tarifs d'octroi et les modifications à ces tarifs; 18° l'établissement de droits de voirie dans les communes de plus de 25,000 âmes; 19° les caisses de retraite des administrations publiques départementales ou communales; 20° les diverses affaires qui, n'étant pas désignées dans le présent article, sont, après examen par une section, renvoyées à l'assemblée générale par ordre du président de la république; 21° enfin du conseil d'État qui, seul, les repousse ou les adopte. Lorsque son avis est défavorable, ils sont considérés comme non avenus [1]. — C'est là, je ne puis le contester, un pouvoir presque exorbitant, car il est absolu et direct ; et le conseil d'État, pour l'exercer, n'a, par exception, nul besoin de s'abriter derrière la sanction impériale.

L'importance du conseil d'État — juge souverain des conflits d'attributions entre l'autorité administrative et l'autorité judiciaire [2] — n'est pas moins grande comme tribunal administratif que comme corps politique. Je pourrais même ajouter que si

les affaires qu'à raison de leur importance les présidents de section, d'office ou sur la demande de la section, croient devoir envoyer à l'examen de ladite assemblée, ainsi que celles sur lesquelles le gouvernement demande qu'elle soit appelée à délibérer. (Décret du 30 janvier 1852, portant règlement intérieur pour le conseil d'État, art. 13.)

1. Règlement du 3 février 1861, art. 62.

2. Le jugement des conflits, qui, depuis la Constitution de l'an VIII, appartenait au conseil d'État, avait été confié en 1848 à un tribunal composé moitié de conseillers d'État et moitié de conseillers à la Cour de cassation, sous la présidence du ministre de la justice. Le décret du 25 janvier 1852 l'a de nouveau attribué au conseil d'État, et l'examen en a été réservé à la section du contentieux.

l'utilité de son caractère politique a été souvent contestée, on a toujours reconnu la nécessité d'un tribunal suprême pour l'administration. Il est facile de comprendre que des considérations d'ordre public et le respect de la hiérarchie ne permettent pas de confier à la justice ordinaire la solution des conflits qui s'élèvent entre de simples citoyens et les représentants du pouvoir exécutif. L'égalité devant la loi, ce principe immuable en matière civile et criminelle, qui est inscrit en tête de nos codes, ne saurait être admis d'une façon aussi absolue en matière administrative [1]. C'est même en quelque sorte le principe contraire qui doit être suivi, car là où l'intérêt de tous est évident, l'intérêt d'un seul doit disparaître. Il faut assurément de sérieuses garanties contre l'arbitraire ; mais les relations de l'État, qui agit au nom de tout le monde, avec les particuliers qui n'agissent

---

1. Dans les affaires de droit civil ordinaire, les parties en présence, procédant au même titre, ont droit aux mêmes avantages, et la balance ne peut jamais pencher pour l'une au détriment de l'autre. — Dans les affaires administratives, l'intérêt public réclame certaines facilités, certains tempéraments, qui, sans altérer le droit, sont de nature à en modifier l'application. (Vivien, *Études administratives*, t. I, p. 140.)

que pour eux-mêmes, doivent être autrement définies que les relations des citoyens entre eux [1]. Et ceux-là seulement qui ont une connaissance exacte des lois spéciales, des ordonnances ou des arrêtés en vertu desquels ont procédé les fonctionnaires incriminés, sont aptes à juger ces fonctionnaires. De là l'établissement des tribunaux administratifs auxquels le conseil d'État sert de cour d'appel dans certains cas déterminés, tandis que dans une infinité d'autres sa juridiction est unique. Il juge alors à la fois en premier et en dernier ressort.

Dans l'une et l'autre hypothèse, c'est devant la section du contentieux que sont portées toutes les affaires. « Le contentieux administratif, dit Vivien, se compose de toutes les réclamations fondées sur la violation des obligations imposées à l'administration

1. Prenons un exemple. Lorsque le préfet de police, pour une cause quelconque, interdit la circulation dans une rue, les marchands et les autres personnes qui habitent cette rue souffrent de l'interdiction; néanmoins, ils n'ont pas le droit de s'y opposer. Si au contraire un simple citoyen, pour une cause même légitime, met un empêchement à la libre circulation sur la voie publique, non-seulement il peut être poursuivi au nom de l'État, mais les particuliers qui auraient été lésés peuvent faire condamner ce simple citoyen à des dommages et intérêts.

par les lois et règlements qui la régissent, ou par les
contrats qu'elle souscrit ; ainsi toute loi qui établit
une compétence, qui trace une forme ·d'instruction
ou qui pose une règle de décision, peut donner ouverture à un débat contentieux, s'il est allégué que
la compétence soit intervertie, la forme inobservée
ou la règle enfreinte. Tout contrat passé par l'administration a le même effet, si le sens ou l'exécution
en sont contestés [1].

Le rapport écrit des affaires contentieuses est fait
en séance publique de l'assemblée du conseil [2]. Cette
assemblée ne se compose, exceptionnellement, que
des membres de la section du contentieux et de dix
conseillers pris en nombre égal dans chacune des
différentes sections administratives[3], et elle ne se prononce qu'après avoir entendu les conclusions d'un
maître des requêtes remplissant auprès d'elle les

1. T. I, p. 125.
2. L'assemblée du conseil d'État délibérant au contentieux est
présidée par le président de la section du contentieux.
3. La section du contentieux se compose du président de la
section, de cinq conseillers, de sept maîtres des requêtes, non
compris trois commissaires du gouvernement, et de treize auditeurs. Les conseillers des autres sections qui font partie de l'assemblée du contentieux sont désignés par l'Empereur, et renouvelés

fonctions de commissaire du gouvernement. Des observations verbales peuvent être présentées par les avocats à l'appui de leurs mémoires.—Les arrêts sont formulés en décrets portant : *Le conseil d'État délibérant au contentieux entendu* [1].

par moitié tous les deux ans. —Sous le premier Empire et sous la Restauration, les affaires contentieuses, beaucoup moins nombreuses alors qu'aujourd'hui, étaient décidées par l'assemblée générale du conseil d'État. Depuis 1835 et pendant tout le règne de Louis-Philippe, elles ont été soumises à une réunion spéciale de tous les membres du conseil en service ordinaire. C'est en 1849 qu'elles ont été déférées à une section spéciale. Les affaires contentieuses jugées par le conseil d'État s'élèvent maintenant à près de mille chaque année.

1. Les décrets rendus après délibération de l'assemblée générale du conseil d'État mentionnent seuls : *Le conseil d'État entendu.* Les décrets rendus après délibération d'une ou de plusieurs sections indiquent les sections qui ont été entendues (D. O., art. 14). — La présence de trois conseillers d'État est nécessaire pour valider les délibérations des sections (art. 6 du règlement); mais la section du contentieux ne peut délibérer si quatre au moins de ses membres ayant voix délibérative ne sont présents, et il faut la présence de onze membres pour l'assemblée du conseil délibérant au contentieux. Enfin, l'article 13 du décret organique exige la présence d'au moins vingt membres ayant voix délibérative pour valider la délibération de l'assemblée générale. En cas de partage, la voix du président est prépondérante dans les sections comme dans les assemblées générales du conseil d'État. Si les décrets ne sont pas conformes aux propositions du conseil d'État délibérant au contentieux, ils doivent être insérés au *Moniteur* et au *Bulletin des lois*.

Les travaux de la commission chargée d'examiner les pétitions adressées à l'Empereur et qui a été créée par le décret du 18 décembre 1852, sont loin d'avoir l'importance de ceux des diverses sections. Je dois néanmoins les mentionner [1].

Telle est, en résumé, l'organisation politique et administrative du conseil d'État. Le contrôle qu'il exerce est, vous le voyez, très sérieux et presque minutieux. C'est dans son sein, a-t-on dit quelquefois, que s'est réfugié l'esprit d'opposition; mais ceux qui tiennent ce langage confondent sans doute l'opposition avec l'indépendance et ne comprennent pas assez que, lorsque les contrôleurs travaillent à huis clos, ils ne sauraient se montrer trop sévères [2]. La critique des actes d'un gouvernement n'a d'inconvénients réels que par la publicité. Il ne faut pas oublier non plus que si, en fait, l'opinion du conseil

1. V. p. 207. La plupart des pétitions déférées à l'examen sommaire de la Commission spéciale du conseil d'État sont renvoyées par elle aux autorités compétentes. En dix ans, 1,356 ont été l'objet de rapports directs soumis à l'Empereur par les conseillers d'État qui ont successivement présidé cette Commission.

2. Les séances du conseil d'État ne sont pas publiques, à l'exception de celles de l'assemblée du conseil siégeant au contentieux.

d'État modifie souvent celle des ministres, en droit elle n'est que consultative. C'est tout à la fois le conseil intime et officiel du gouvernement, son organe devant le Corps législatif et devant le Sénat, et le bouclier derrière lequel vient s'abriter l'irresponsabilité ministérielle. — Les princes de la famille impériale ont la faculté d'y siéger. — Ses attributions sont, au point de vue politique, bien plus considérables qu'elles ne l'ont jamais été. Sous Louis-Philippe, et même sous la Restauration, l'active surveillance des Chambres et leur omnipotence auraient rendu sans objet les prérogatives qui lui sont actuellement conférées ; il se renfermait alors dans un rôle presque exclusivement administratif. Aussi la Charte de 1814 ne daignait-elle pas le mentionner au nombre des institutions sur lesquelles allait s'appuyer le nouveau régime. Le conseil d'État est constitué, dans son ensemble, de façon à seconder merveilleusement le système politique qui a été inauguré le 2 décembre 1851 [1].

1. D'après le rapport adressé à l'Empereur par M. Baroche, le 30 mars 1862, le conseil d'État a eu à examiner, de 1852 à 1861 : 21 projets de sénatus-consulte; 1,804 projets de loi, dont 338 d'intérêt général et 1,466 d'intérêt local ou particulier; 1,100 amendements présentés par les commissions du Corps législatif, et

Cependant je vais essayer de vous démontrer qu'il serait nécessaire d'introduire certaines modifications de détail dans quelques-uns de ses rouages.

L'organisation du conseil d'État semble des plus simples au premier aspect. Le titre de chacun de ses membres paraît indiquer la nature de son intervention ; vous devez supposer que les conseillers délibèrent et se prononcent seuls sur les rapports des maîtres des requêtes ; que les auditeurs, admis aux discussions sans avoir le droit d'y prendre part, assistent les conseillers et les maîtres des requêtes dans les recherches nécessaires à leurs travaux et se préparent ainsi, par une étude réfléchie de l'administration, à l'exercice des hautes fonctions publiques. C'est là, en effet, le principe qui a été posé, et l'application en était facile ; mais ce n'est pas celui qui a été suivi. Le décret organique du 25 janvier 1852 et le règlement intérieur du 30 du même mois, au lieu de le consacrer, établissent une confusion regrettable entre des

149,965 affaires administratives. Enfin la section du contentieux et l'assemblée du conseil délibérant au contentieux ont préparé 9,053 projets de décret statuant sur les affaires contentieuses et sur les conflits d'attributions.

attributions si naturellement définies. En vertu de
ces décrets, les conseillers ne sont pas seuls admis à
délibérer ; les maîtres des requêtes, sans distinction
de classe, ont voix consultative dans toutes les affaires
et voix délibérative dans celles dont ils sont les rapporteurs ; bien plus, les conseillers sont chargés
comme eux de faire des rapports, ce qui s'explique
pour les projets de loi ou de sénatus-consulte que
seuls ils soutiennent devant le Corps législatif et devant le Sénat, mais ce qui se justifie moins peut-être
lorsqu'il s'agit de simples décrets ; enfin les auditeurs
eux-mêmes prennent souvent part aux discussions.

Quelle est la nécessité de deux classes de maîtres
des requêtes, si les uns et les autres ont des attributions identiques ? Pour être logique dans cette fausse
voie, il faudrait aussi deux classes de conseillers.

La Cour des comptes procède avec plus de régula-
rité. Les conseillers référendaires, qu'on peut assi-
miler aux maîtres des requêtes, après avoir soigneu-
sement vérifié les comptes et les pièces à l'appui qui
leur ont été distribués par l'ordre du premier président, font un rapport raisonné contenant les propositions qu'ils croient devoir soumettre à la chambre

dont ils dépendent; ce rapport est contrôlé par un conseiller maître qui opine le premier, et sur les conclusions duquel les autres maîtres délibèrent et statuent. Il est vrai que les référendaires sont beaucoup plus nombreux que les maîtres des requêtes. Mais pourquoi ne pas augmenter le nombre de ceux-ci, puisque les nécessités du service l'exigent, sans diminuer pourtant celui des conseillers d'État, dont on aurait la faculté d'utiliser l'expérience en dehors même du conseil?

La division des référendaires en deux classes est motivée par la catégorie des travaux qui leur sont réservés.

Quant aux auditeurs, qui sont, aujourd'hui, dans le conseil d'État une complication sans objet bien déterminé, je comprendrais qu'on les divisât en deux classes si on leur faisait subir un stage différent; si les auditeurs de seconde classe, par exemple, étaient attachés, pendant deux ou trois ans, aux cabinets des ministres, des directeurs généraux, des préfets, et ne rentraient au conseil qu'après avoir passé un examen constatant leur connaissance pratique des affaires et leur aptitude à devenir d'utiles auxiliaires pour les maîtres des requêtes, ou des candidats sérieux aux fonctions de sous-préfet, confiées trop souvent à des hommes dépourvus de toute expérience. C'est ainsi qu'ils redeviendraient, comme ils l'étaient sous Napoléon Ier, la véritable pépinière de l'administration française.

Pour être avocat, c'est-à-dire pour avoir le droit de s'occuper des intérêts d'un simple particulier qui est libre de choisir son mandataire, il faut *prouver* des études spéciales, passer des examens, avoir un diplôme, faire un stage qui dure trois ans ; et pour administrer une contrée, pour s'occuper des affaires de tout le monde, sans que personne puisse vous récuser, on n'exige ni études particulières, ni diplôme, ni stage ! — Pour être auditeur, il suffit de subir un examen sommaire qui n'a que l'apparence d'un concours, puisque le mieux noté peut être le dernier admis[1].

Je ne vous ai parlé encore que du service ordinaire,

---

1. Le décret du 25 novembre 1853, porte, article 3 : « Nul ne sera nommé auditeur, s'il n'est âgé de vingt ans au moins et s'il n'a été reçu docteur ou licencié dans l'une des Facultés ou admis aux Écoles polytechnique, de Saint-Cyr, ou navale, ou enfin s'il n'a pas été jugé admissible par une commission d'examen composée de trois

qui constitue le conseil d'État proprement dit. Mais il y a, en outre, un service hors section et un service extraordinaire. D'après le décret organique, les conseillers en service ordinaire hors section — dont le nombre ne devait pas dépasser quinze, et qui sont

membres du conseil d'État. Ne seront admis que les candidats qui auront été préalablement portés sur une liste *agréée par nous.* » Or quel rapport y a-t-il entre les études nécessaires à un auditeur et celles qu'on exige d'un élève de l'École de Saint-Cyr ou de l'École navale? — Ce décret décidait aussi, en principe, que les auditeurs pourraient être attachés à certaines préfectures ou remplir d'autres fonctions publiques (art. 4, 5 et 6); mais ce principe n'a été appliqué qu'exceptionnellement et sans aucun profit pour l'instruction administrative des auditeurs. — Cependant un décret récent, du 7 septembre 1863, provoqué peut-être par les observations résumées dans ces *Lettres*, a plus efficacement réglementé la situation des auditeurs et a défini la part qui leur serait faite désormais dans certaines fonctions. « Le quart des emplois de sous-préfet et de secrétaire général de deuxième classe, sous-préfet de troisième classe, conseiller de préfecture de première classe et conseiller de préfecture de deuxième classe faisant fonctions de secrétaire général — dit ce décret — seront, à mesure des vacances, réservés aux auditeurs attachés depuis deux ans au moins au conseil d'État; et, dans ce même but, six places de substitut du procureur impérial leur seront également réservées (art. 1er); » « les auditeurs qui, après cinq ans d'exercice, n'auraient pas été placés dans les services publics, ne feront plus partie du conseil d'État (art. 2.) » Enfin « les auditeurs actuellement en service cesseront successivement leurs fonctions par cinquième, suivant leur ancienneté et d'année en année, à partir du 1er janvier 1865 (art. 3.) » En fait, il reste beaucoup à faire encore pour arriver à une organisation sérieuse et utile du service des auditeurs.

choisis, dit le décret, parmi les personnes remplissant
de hautes fonctions — prennent part à toutes les discussions de l'assemblée générale et y ont voix délibérative ; les conseillers en service extraordinaire,
qui ne reçoivent ce titre que s'ils ont antérieurement
fait partie du conseil d'État, n'assistent qu'à celles des
assemblées générales auxquelles ils ont été convoqués
par un ordre de l'Empereur [1].

Quel a été le but de cette double institution ? D'où
vient cette différence d'attributions ? — Le but était
le même. La différence ne saurait, selon moi, se
justifier.

En appelant dans le sein du conseil d'État quelques-uns de ses anciens membres et les principaux
chefs des administrations centrales, on avait voulu

1. V. p. 111, n. 2, et 134, n. 2. — En vertu du décret du 25 novembre 1853, les maîtres des requêtes et les auditeurs en service
ordinaire, appelés à une fonction permanente les obligeant à rési-
der hors de Paris, peuvent être autorisés à prendre le titre de maîtres des requêtes ou d'auditeurs en service extraordinaire. — Le
même décret décide que les maîtres des requêtes qui, pour toute
autre cause, cessent d'appartenir au service ordinaire, pourront
recevoir le titre de maîtres des requêtes en service extraordinaire
(art. 1er et 6). Mais ce n'est là qu'un titre, et le décret n'autorise,
dans aucun cas, ni les auditeurs, ni même les maîtres des requêtes,
à assister aux assemblées générales du conseil d'État.

évidemment le faire bénéficier de l'expérience des uns et de la spécialité des autres. Mais pourquoi établir une distinction entre eux, lorsqu'il n'en existe souvent aucune dans le genre de leurs fonctions? Pourquoi ceux-ci assistent-ils à toutes les séances du conseil? Pourquoi ceux-là sont-ils obligés d'attendre une convocation? Le directeur de la comptabilité au ministère de la guerre, qui se trouve dans le service ordinaire hors section, est-il plus compétent pour décider une question relative à l'instruction publique ou aux cultes que le gouverneur du Crédit foncier, qui figure seulement dans le service extraordinaire? Et si les uns et les autres doivent avoir les mêmes attributions, comment leur donner un titre différent? Pourquoi des conseillers hors section? — Est-ce que la principale étude des projets de loi et des décrets ne se fait pas dans l'intérieur de la section? N'est-ce pas là que l'on a surtout besoin de ces renseignements détaillés, de ces explications techniques dont la spécialité appartient aux directeurs et aux secrétaires généraux des divers ministères?—Aussi, dans la pratique, la règle disparaît-elle devant l'impossibilité de l'observer.

Ne serait-il pas préférable de revenir à une division plus normale et plus simple, comprenant dans le service ordinaire tous ceux qui, comme conseillers, maîtres des requêtes ou auditeurs, se consacrent exclusivement aux occupations régulières du conseil et n'exercent aucune autre fonction publique, et, sous les mêmes dénominations dans le service extraordinaire, tous ceux dont le concours éventuel serait jugé utile, qu'ils eussent ou non fait déjà partie du conseil d'État, qu'ils fussent ou non fonctionnaires ?

Si l'on adoptait ce système, les conseillers en service extraordinaire participeraient aux travaux des sections comme à ceux de l'assemblée générale, *mais seulement lorsqu'on y discuterait les affaires rentrant dans leurs attributions spéciales.* On éviterait ainsi l'introduction, facultative ou permanente, dans le véritable conseil d'État, d'un élément qui devait lui rester habituellement étranger et qui peut, en certains cas, déplacer la majorité de l'assemblée générale.

Les secrétaires généraux[1] et même les directeurs

---

1. Les secrétaires généraux n'ont, dans aucun ministère, la situation qui devrait être le résultat de leur titre, et remplissent presque

généraux, quel que soit leur rang dans la hiérarchie administrative, doivent éprouver une hésitation très-légitime avant de se prononcer contre les projets que présente le ministre dont ils sont directement les subordonnés, ou contre ceux des collègues de ce ministre. Et c'est l'évidence d'un pareil inconvénient qui a fait limiter à quinze, puis à dix-huit — maintenant à dix-neuf — le nombre des conseillers hors section. Mais, d'une part, la fixation d'un maximum aussi élevé n'a pas sérieusement atténué cet inconvénient, et, d'autre part, la limite que l'on a posée ne permet pas à tous les services d'une égale importance d'être représentés au conseil d'État[1].

tous des fonctions beaucoup moins importantes que les directeurs généraux.

1. Le décret organique du 25 janvier 1852 fixait à quinze le maximum des conseillers hors section; aussi, par suite de combinaisons particulières, tel ministère (celui de la guerre par exemple) était représenté au conseil d'État par trois ou quatre de ses directeurs, tandis que d'au res (tels que le minis ère de l'intérieur) n'y avaient aucun représentant. Les secrétaires généraux des divers ministères sont tous maintenant conseillers d'État. (Décret du 6 novembre 1858.) Sous Louis-Philippe, le préfet de police et le préfet de la Seine étaient, presque de droit, conseillers d'État en service extraordinaire, à cause de l'importance de leurs fonctions. Aujourd'hui, l'organisation défectueuse du conseil d'État ne leur permet pas d'en faire partie; et il a fallu, par décrets spéciaux, déroger

Les ministres qui étaient députés ou pairs de France prenaient toujours part aux votes de la Chambre dont ils étaient membres, bien qu'ils se constituassent ainsi arbitres de leur propre cause. Aujourd'hui ils sont conseillers d'État, et ils votent comme tels. Il serait difficile de refuser aux ministres un droit que l'on confère à des fonctionnaires placés sous leurs ordres.

Je ne vous dirai rien de la question si longtemps

à tous les principes pour autoriser le préfet de la Seine à participer à ses travaux, bien qu'il ne soit conseiller d'État ni en section, ni hors section, ni en service extraordinaire. — Voici le texte de ces décrets : « Considérant — dit celui du 22 décembre 1860 — qu'un grand nombre d'affaires intéressant la ville de Paris sont journellement soumises à notre conseil d'État : art. 1er. Le préfet de la Seine est autorisé à prendre part aux délibérations du conseil d'État, avec les mêmes droits et les mêmes prérogatives que nos conseillers d'État en service hors section. » Le second décret, du 23 janvier 1861, porte : « L'article 1er de notre décret du 22 novembre 1860, qui donne à M. le préfet de la Seine le droit de prendre part aux délibérations du conseil d'État, est remplacé par les dispositions suivantes : M. le préfet de la Seine est autorisé à prendre part aux délibérations et aux assemblées générales du conseil d'État. Il est également autorisé à prendre part aux séances des sections du conseil d'État, mais seulement dans les affaires intéressant son administration. » — Il est incontestable que ces deux décrets, modifiant un décret-loi, sont inconstitutionnels comme ceux du 3 juillet 1857, des 25 novembre 1853, 10 octobre 1860, 6 novembre 1858 et 16 mai 1863. V. p. 111.

controversée de l'inamovibilité. Il suffira de vous rappeler que le chef du gouvernement doit rester le juge en dernier ressort de l'administration qu'il personnifie. Dans les questions contentieuses, il ne pourrait pas abdiquer, sans de graves inconvénients, une souveraineté qui est la sauvegarde des intérêts généraux, lorsqu'ils se trouvent en opposition avec des intérêts privés ; le conseil d'État ne statue que par délégation conditionnelle, et le fondé de pouvoirs ne saurait être indépendant de celui dont il a reçu son mandat. Si la position subordonnée des conseillers en service ordinaire hors section peut faire suspecter la sincérité du contrôle qu'ils exercent, celle qu'auraient des conseillers à vie constituerait à leur profit une indépendance trop absolue, qui les conduirait irrésistiblement à gêner l'action gouvernementale[1].

Vous comprendrez également les motifs qui in-

1. Napoléon Ier avait créé des conseillers d'État à vie, afin d'augmenter le traitement de certains hauts fonctionnaires; mais ces conseillers inamovibles ne pouvaient pas entraver alors la marche du gouvernement. Les quarante années du régime parlementaire ont modifié les idées, et ne permettent plus de suivre aujourd'hui tous les errements du premier Empire.

terdisent aux membres du conseil d'être en même temps députés ou sénateurs. Les attributions des grands corps de l'État sont absolument distinctes, et si elles étaient confiées aux mêmes fonctionnaires, il en résulterait une confusion voisine de l'anarchie.

Votre conseil privé est l'image assez exacte d'un conseil d'État sans rôle déterminé, uniquement composé de nombreux conseillers en service extraordinaire et ne se réunissant que dans des circonstances exceptionnelles[1].

Je dois vous signaler, en terminant, la situation particulière du président du conseil d'État, qui, à ce titre, exerce sur les projets des ministres un certain contrôle, et qui, ministre lui-même, puisqu'il en a le rang et les prérogatives, se fait auprès de ses collègues l'écho des observations du corps à la tête duquel il est placé, après avoir été auprès de lui l'interprète de la pensée du gouvernement. C'est là une grande et utile mission. Mais (je vous l'ai indiqué en vous

1. En Angleterre, le conseil privé se compose de cent quatre-vingts membres. (V. p. 241.)

expliquant l'organisation du pouvoir exécutif) il en
a eu longtemps une autre plus délicate et plus importante encore. Quoique, antérieurement au décret
du 24 novembre, l'esprit de la Constitution, plutôt
que son texte, semblât s'opposer à l'intervention personnelle des membres du conseil des ministres dans
les débats législatifs, le président du conseil d'Etat
prenait déjà une part active à toutes nos discussions;
— le vice-président et les autres conseillers défen-
daient plus particulièrement et presque exclusivement les projets de loi rentrant dans leur spécialité — et dans toutes les affaires qui touchaient
à la politique, il représentait à peu près seul devant nous le gouvernement, dont seul il connais-
sait exactement la pensée, et dont je dirais, si
j'osais me servir d'une expression un peu vul-
gaire, mais très-juste, qu'il était en quelque sorte
le *factotum*.

LE CORPS LÉGISLATIF.

L'Empereur a seul l'initiative des lois[1]. Lorsque le gouvernement a reconnu la nécessité d'une loi, les bases en sont d'abord posées par le ministère compétent. Ce premier projet est envoyé au conseil d'État; il est élaboré, développé ou amendé en section; l'assemblée générale le discute, et si elle l'adopte, il est soumis au Corps législatif, où il devient l'objet d'un examen sommaire ayant le même but que la première, ou plutôt que la seconde lecture de

---

1. En Angleterre, au contraire, l'initiative appartient au Parlement; et ce n'est que comme membres de l'une des deux Chambres que les ministres ont le droit de présenter un bill.

vos bills[1]. Les bureaux du Corps législatif nomment ensuite une commission qui, à huis clos, fait subir au projet un nouvel examen; propose, s'il y a lieu, aux délégués du conseil d'État ou au conseil lui-même des amendements, dont elle ne peut toutefois imposer l'adoption, et résume enfin son opinion dans un rapport distribué à tous les députés. La loi, après avoir été discutée et votée en séance publique, est transmise au Sénat, afin qu'il décide si elle n'est pas contraire à l'esprit de la Constitution. Il ne reste plus alors qu'à la promulguer [2].

Le mécanisme législatif du nouvel Empire est très-simple, vous le voyez, mais il fonctionne très-régu-lièrement et très-sérieusement. Les députés n'ont plus la prétention de renverser, à leur profit, les minis-

1. Voir la note de la page 151.

2. En France, la loi est signée par le président et les secrétaires du Corps législatif, puis par le président et les secrétaires du Sénat, certifiant que le Sénat ne s'oppose pas à sa promulgation, et enfin par l'Empereur. Elle est ensuite contre-signée par le ministre d'État, et scellée du grand sceau par le ministre de la justice. La promulgation d'une loi résulte de son insertion au *Bulletin des lois*. — En Angleterre, le roi donne son assentiment par lettres patentes sous son grand sceau, signées de sa main et notifiées aux membres des deux Chambres assemblées dans le lieu des séances de la Chambre haute (St. 38, H. VIII, cap. xxi). Voir p. 130.

tères ; ils ont celle de se mêler utilement aux affaires du pays en remplissant consciencieusement le mandat qu'ils ont reçu de leurs nombreux électeurs. Ce mandat leur impose deux obligations principales qui résument toutes les autres : la première, c'est de soutenir sans hésitation, sans arrière-pensée, le gouvernement que ces mêmes électeurs ont trois fois acclamé comme l'unique refuge de la société en péril ; la seconde, c'est de surveiller l'emploi des deniers publics par le contrôle attentif du budget, de ne voter que les lois reconnues nécessaires à l'intérêt de tous, et de ne pas transformer les obligations d'un dévouement intelligent en servilisme irréfléchi. La Chambre, disait-on, était moins jusqu'ici un corps politique qu'un grand Conseil général. Le premier usage qu'elle a fait de ses nouvelles attributions ne permettrait guère d'émettre aujourd'hui une pareille idée. Il faut, au surplus, qu'avant de vous prononcer à cet égard vous sachiez comment elle est constituée, quels sont les éléments qui la composent, en quoi consistent exactement ses droits.

Le Corps législatif est le produit du suffrage universel direct. L'élection a pour base la population, sans scrutin de liste ; il y a un député par trente-cinq mille électeurs [1], et tout Français jouissant de ses droits civils et politiques est de droit électeur à vingt et un ans et éligible à vingt-cinq [2]. — L'impôt étant

[1]. C., art. 34, 35, 36, et 38. Il est attribué un député de plus à chacun des départements dans lesquels le nombre excédant des électeurs dépasse 17,500. (S.-C. du 27 mai 1857.) Les colonies et l'Algérie ne nomment pas de députés. En France, c'est le nombre des électeurs *inscrits* sur les listes électorales revisées chaque année, et non pas celui de tous les citoyens âgés de vingt et un ans et jouissant de leurs droits civils et politiques qui — malgré une contradiction, plus apparente que réelle, de la Constitution— détermine le nombre des députés à élire. Elle a pris pour base la population *électorale*. — Si l'on avait égard, en Angleterre comme en France, au chiffre de la population pour fixer le nombre des députés, Londres qui n'en envoie que *quatre* au Parlement, devrait en nommer *soixante*. Beaucoup d'autres cités importantes telles que Manchester et Liverpool, où le nombre des électeurs est de près de vingt mille, n'ont que deux députés, tandis que soixante-huit bourgs qui ne comptent pas plus de deux cents à cinq cents électeurs en ont également deux chacun. En Angleterre, les anomalies existent partout, dans les comtés comme dans les villes. Ni pour ceux-ci ni pour ceux-là il n'y a de règles fixes; la ville de Chester, par exemple, a deux députés pour 28,000 habitants comme le comté de Chester pour 160,000, et les huit mille électeurs du comté de Norfolk peuvent élire quatre députés comme les seize mille du comté de Northumberland. (V. la note, p. 272.) — Il y a 658 députés à la Chambre des communes (le nombre des électeurs des trois royaumes n'atteint pas 1,270,000) et 283 seulement au Corps législatif.—Le projet originaire du bill de réforme réduisait à 500 le nombre des membres de la Chambre des communes beaucoup trop considérable, selon lord Brougham. (V. la note, p. 271).

[2]. Pour prendre part au vote dans une commune, il faut avoir

en réalité payé, directement ou indirectement, par le plus pauvre comme par le plus riche, et la loi étant obligatoire pour tous, on a trouvé juste en 1848 de faire nommer par tous les citoyens, sans distinction, ceux qui votent l'impôt et qui font la loi. — Vous qui avez si énergiquement réclamé en Angleterre contre les restrictions de la réforme de 1832, vous devez approuver le maintien du suffrage universel. Vous

six mois de résidence dans cette commune; mais aucune condition de résidence n'est exigée pour être éligible. (D. O. du 2 février 1852, art. 12, 13 et 26). — Le scrutin est secret. Les électeurs se réunissent au chef-lieu de leur commune. (*Id.*, art. 3.) — Nul n'est élu ni proclamé député, au premier tour de scrutin, s'il n'a réuni : 1° la majorité absolue des suffrages exprimés; 2° un nombre égal au quart de celui des électeurs inscrits sur la totalité des listes de la circonscription électorale. Au second tour de scrutin, l'élection a lieu à la majorité relative, quel que soit le nombre des votants; dans le cas où les candidats obtiendraient un nombre égal de suffrages, le plus âgé sera proclamé député (*Id.* art. 6.) — Il convient de remarquer que, contrairement à ce qui se passait sous d'autres régimes, lorsque l'élection n'a pas pu avoir lieu au premier tour il n'y a pas lieu à un *ballottage* entre les deux candidats ayant obtenu le plus de voix, mais bien à un second tour de scrutin entre tous les candidats. — V. p. 289.

Nul ne peut être élu député au Corps législatif si, huit jours au moins avant l'ouverture du scrutin, il n'a déposé, soit en personne, soit par un fondé de pouvoirs en forme authentique, au secrétariat de la préfecture du département dans lequel se fait l'élection, un écrit signé de lui contenant le serment formulé dans l'article 16 du sénatus-consulte du 25 décembre 1852. L'écrit déposé ne peut, à peine de nullité, contenir que ces mots : « Je jure obéissance à la pensez, comme nous, que c'est une garantie contre les perturbations sociales, en ce sens que tout le monde concourant à l'élection des députés, personne ne peut plus récuser la solidarité de leurs actes ni contester la validité de leur mandat. Faire nommer une assemblée par tous ceux que ses décisions intéressent est le meilleur moyen d'augmenter, aux yeux de tous, son autorité morale.

Constitution et fidélité à l'Empereur. » Il est donné récépissé. (S.C. du 17 février 1858, art 1er.) — Il est incontestable, que le serment prêté au chef-lieu d'un département permet d'être élu dans toutes les circonscriptions de ce département, mais non pas dans les circonscriptions des autres départements. Un candidat qui veut se présenter dans plusieurs départements doit, selon moi et d'après le texte même du décret, prêter serment dans chacun des départements où il se présente. — Le serment est répété verbalement ou par écrit, après l'élection. Il doit être également prêté. après leur nomination, par les ministres, les membres du Sénat et du conseil d'État, les officiers, les magistrats et les fonctionnaires publics. (C., art. 14.) — Avant de siéger dans la Chambre des lords ou dans celle des communes, il faut avoir prêté, en présence de la Chambre à laquelle on appartient, le serment d'allégeance, de suprématie et d'abjuration (St. 30, Car. II, s. 2, et 1, G, l, c. xiii), et répété la déclaration contre la transsubstantiation, l'invocation des saints et le sacrifice de la messe. Le serment d'abjuration a été modifié par le sixième statut de George III (c. lviii). Aujourd'hui, à l'égard des catholiques, une nouvelle formule tient lieu de ces trois serments et de la déclaration. (St. 10, G. IV, c. vii, s. 2.) On se rappelle les difficultés qui furent soulevées à la suite de l'élection de M. de Rothschild, V, p. 285.

Cependant cette opinion trouve, en France comme en Angleterre, des contradicteurs opiniâtres. Il existe des partisans quand même du suffrage restreint, qui n'admettent pas qu'on puisse combattre la révolution avec les armes forgées par elle et qui se refusent à comprendre que ce suffrage universel, leur épouvantail, s'il est parfois un embarras dans les grands centres de population [1], sera presque toujours, dans les communes rurales, l'utile auxiliaire d'un gouvernement qui aura su mériter la confiance du pays. — Les conservateurs qui déplorent l'obligation où se trouve l'administration d'avouer ses candidats, de les patronner ouvertement et d'exercer sur les masses la pression de la logique et du bon sens, oublient que les conseils donnés publiquement à trente-cinq mille électeurs, au nom de l'intérêt général, constituent des manœuvres moins répréhensibles, si ce sont là des manœuvres, que les pratiques secrètes dont on usait à l'égard de quelques électeurs privilégiés, dans l'intérêt d'une coterie ministérielle.

1. Sous la Restauration et pendant le règne de Louis-Philippe, Paris nommait habituellement des députés de l'opposition, quoique les électeurs dussent alors payer d'abord trois cents, puis deux cents francs d'impôt.

Le jour, dit-on encore, où les idées socialistes se seront infiltrées dans les campagnes, vous ne pourrez plus diriger le suffrage universel, et il enfantera la plus déplorable des révolutions, puisqu'elle s'appuiera sur la légalité. Mais le suffrage restreint a-t-il donc empêché la révolution de 1848? Le socialisme produirait dans les campagnes un effet contraire à celui qu'en espèrent ses adeptes; le morcellement de la propriété, que l'on attaque avec tant de vivacité, est le préservatif le plus sûr contre les bouleversements sociaux.

La licence de la presse pourrait seule modifier les conditions normales de notre système électoral; or, le gouvernement impérial ne paraît point aussi convaincu, qu'on l'avait d'abord supposé, de la nécessité de rendre à la presse ses anciennes franchises[1].

---

1. La loi que nous avons votée le 18 juin 1861 s'est bornée à faire disparaître du décret du 17 février 1852 une disposition choquante qui rendait *obligatoire* la suppression d'un journal après deux condamnations pour simple délit ou contravention, et celle qui permettait la suppression temporaire d'un journal après une condamnation. Les autres dispositions de ce décret sont toutes maintenues : « Aucun journal ou écrit périodique traitant de matières politiques ou d'économie sociale, et paraissant soit régulièrement et à jour fixe, soit par livraisons et irrégulièrement, ne

On conjurerait d'ailleurs les dangers, réels ou ima-
ginaires, du suffrage universel, en supprimant les

pourra être créé ou publié sans l'autorisation préalable du gouvernement » (art. 1ᵉʳ); « un journal peut être suspendu par décision ministérielle, lors même qu'il n'a été l'objet d'aucune condamnation, mais après deux avertissements motivés et pendant un
temps qui ne pourra excéder deux mois — les avertissements sont
périmés au bout de deux ans — et un journal peut être supprimé
soit, après une suspension judiciaire ou administrative, soit
par mesure de sûreté générale, par un décret spécial publié au
Bulletin des lois » (art. 32).— Dans les départements, ce sont les
préfets qui donnent les avertissements aux journaux. Cependant,
quelques-uns ayant abusé, dans les mois qui suivirent le décret du
17 février 1852, du droit qui leur était concédé, une décision ministérielle, rendue sur la proposition de l'auteur de ces lettres,
alors directeur de l'imprimerie, de la librairie et de la presse,
obligea les préfets à faire préalablement *viser* tous les avertissements par le ministre. — La si uation *légale* de la presse est évidemment difficile; mais, *en fait*, elle est tout autre qu'on ne se
l'imagine, et les journaux sont libres de dire ce qui leur plaît et de
critiquer non-seulement les actes de l'administration, mais la politique du gouvernement.—N'est-ce pas là à peu près ce qui existe
en Angleterre? Et ai-je besoin de vous rappeler à ce sujet les faits
si curieux qui ont été signalés par le ministre actuel de l'intérieur
dans une circulaire devenue célèbre?
« On fit une loi en 1819, dit M. le comte de Persigny, qui frappa
d'amende, d'emprisonnement et, en cas de récidive, de bannis-
sement, l'auteur, l'éditeur et l'imprimeur de tout écrit ou libelle
séditieux contre le roi, la famille royale, le régent, le gouvernement, la constitution et l'une ou l'autre des deux Chambres, et à
l'aide de dispositions tellement détaillées, tellement précises, qu'il
n'était presque plus possible à la conscience du jury de se dérober
aux nécessités de l'État. Mais, lorsqu'arriva la crise de 1848, et
avec elle de nouvelles émotions, de nouveaux partis hostiles à

élections générales et en renouvelant, par tiers ou par cinquième, le Corps législatif.

En admettant qu'il fût utile d'enlever au peuple le droit de voter, il resterait la question de savoir si

l'ordre établi, on éprouva encore des difficultés de la part du jury. On sentit alors la nécessité de préciser encore plus clairement, plus minutieusement, les attaques dont l'État pourrait être l'objet, et une nouvelle loi intitulée : *Acte pour mieux assurer la sécurité de la couronne et du gouvernement*, enrichit encore le terrible arsenal de la législation anglaise. Cette fois le succès est complet, l'arme a été si finement aiguisée qu'elle triomphe du jury irlandais lui-même, et, sur son verdict, deux journalistes coupables d'écrits séditieux, John Mitchell et John Machin, sont condamnés par les juges de la couronne à quatorze années de déportation, avec travaux forcés. » (Circulaire aux préfets du 7 décembre 1860.) A ces faits, on pourrait en ajouter un grand nombre d'autres, tout aussi concluants : les lois qui existaient déjà en 1812 permirent les condamnations, à un an de prison et à 50,000 fr. d'amende, de deux journalistes, les frères Hunt, qui avaient très-innocemment plaisanté sur l'âge du prince de Galles, et quelques années avant, l'imprimeur d'un journal avait subi la peine du *pilori;* en 1817 parut le bill draconien des six actes ou des six lois contre la presse, que le Parlement vota sur la proposition de lord Castlereagh et qui précéda cette loi de 1819, dont parle la circulaire de M. de Persigny; enfin un document officiel constate que, de 1808 à 1821, le gouvernement anglais intenta cent un procès de presse et fit condamner à la prison quatre-vingt-quatorze journalistes, dont douze à la déportation pendant sept années.

Or c'est précisément parce que la presse est libre en France qu'il ne faudrait pas, selon moi, laisser subsister un régime exceptionnel qui peut et qui doit faire supposer qu'elle ne l'est pas, que rien ne se publie dans les journaux sans l'autorisation du cela serait possible. Si la moitié des électeurs, en s'abstenant de prendre part au scrutin, proteste à chaque élection de son indifférence, c'est qu'il en est de ce droit comme de tous ceux dont on a la jouissance : on les dédaigne lorsque personne ne les conteste, on les revendique énergiquement dès qu'ils sont contestés. Comment un gouvernement dont le suffrage universel est la base, qui, trois fois, a été consacré par lui, qui puise en lui sa force ; comment ce gouvernement, sorti du peuple, pourrait-il briser le piédestal sur lequel il s'est élevé et consolidé ? Pourquoi renoncerait-il à ce puissant levier qui permet de dire périodiquement à l'Europe attentive : La France, en votant pour les candidats qui se présentent à elle au nom de l'Empereur, vous prouve une fois de plus que sa confiance en lui est la même ; qu'il est toujours l'élu de la nation, qu'entre elle et l'Empereur la solidarité la plus étroite n'a pas cessé d'exister ?

gouvernement. L'application, par les tribunaux, des dispositions pénales du décret du 17 février 1852 n'offrirait, dans la pratique, aucun inconvénient ; elle aurait l'avantage de faire rentrer la presse dans le droit commun et de donner une plus grande autorité morale à ses appréciations.

Le suffrage à deux degrés, qu'on a indiqué comme un moyen terme entre les exigences d'un droit acquis et les craintes du parti conservateur, n'aurait pas le même caractère d'acclamation populaire et de spontanéité. Il rappellerait l'adjonction funeste des prétendues capacités réclamée dans les banquets de 1847, et qui, si elle avait été concédée, nous eût également conduits à la révolution.

Ces députés, produits du suffrage universel, indiqués au patriotisme des masses par le gouvernement lui-même — et dont on demandait la réélection comme s'ils avaient cessé d'être dignes de leur mandat — qui sont-ils? n'ont-ils avec le pays qui les nomme d'autre lien que leur dévouement à l'Empereur? Sont-ce des inconnus, des séides?

La discussion de l'adresse pourrait me dispenser de répondre. — Ce sont, pour la plupart, les hommes les plus considérables et les plus considérés des localités qu'ils représentent; ce sont de riches propriétaires dont un très-grand nombre portent des noms illustres; ce sont d'anciens députés de la monarchie de Juillet, d'anciens pairs de France et même d'anciens ministres; des préfets, des généraux, des industriels qui ont conquis par leur travail et par leur intelligence une renommée européenne. — Les avocats s'y trouvent en minorité.

Les sentiments de la Chambre sont, avant tout, conservateurs. Elle est incontestablement dévouée aux institutions impériales, mais sans fanatisme, sans idée préconçue. Elle les a acceptées parce qu'elle les a crues nécessaires à l'intérêt public; elle désire leur maintien parce qu'elle a constaté, depuis leur rétablissement, le bien-être croissant des populations, la prospérité constante du commerce et de l'industrie[1], la gloire de nos armes et le respect que nous témoignent les nations étrangères; parce qu'au lieu de nous laisser traîner à la remorque du gouvernement anglais, ainsi qu'on a récemment osé le prétendre, s'il fallait en croire certains articles du

1. La modification des tarifs par un traité est assurément plus périlleuse, puisqu'elle devient ainsi irrévocable, que celle qui résulte d'un décret ou d'une loi qu'on peut toujours améliorer. Mais est-il contestable que la crise commerciale et industrielle dont nous souffrons encore, ne soit plutôt le résultat de la guerre civile américaine que du traité de commerce récemment conclu avec l'Angleterre?

Times, ce serait désormais l'Angleterre qui marche-
rait à notre suite. — Ah ! sans doute les temps sont
bien changés ! on ne discute plus, pendant des mois
entiers, pour satisfaire alternativement l'ambition des
lord Derby ou des lord Palmerston de France; sans
doute on ne prêche plus ouvertement dans les journaux le bouleversement de la société et le renverse-
ment de tous les gouvernements établis; on n'excite
plus sans scrupule les ouvriers contre leurs patrons,
les pauvres contre les riches; on ne provoque plus
à la guerre civile; on n'a plus à craindre qu'une
assemblée composée en grande majorité de conservateurs, comptant dans son sein des orateurs et des
politiques éminents, cède sans lutte à la pression
d'une opposition aventureuse, et soit balayée outrageusement par la populace avinée; on ne redoute plus
qu'une armée aguerrie, commandée par des chefs
en renom, se démoralise, abaisse les armes devant l'émeute, et livre Paris et la France entière
à quelques fanatiques épouvantés de leur facile
triomphe....

Le Corps législatif est confiant dans la sagesse de
l'Empereur; il vient de donner une preuve éclatante

de son esprit d'indépendance et de la sincérité de ses convictions, mais il a profité des leçons de l'expérience. Il ne cherche pas à dénaturer le rôle que lui a tracé une Constitution dont il est forcé de reconnaître la prévoyante sagesse. Il a été créé pour faire librement des lois, et il discute les lois en toute liberté, il les vote en toute conscience; il sait qu'il n'entravera pas la marche du gouvernement en modifiant ou même en repoussant les projets qui lui sont soumis, et il n'hésite plus à les modifier et parfois à exiger leur retrait [1].

Si le droit d'initiative et le droit de délibérer, en séance publique, sur les amendements proposés par une commission, et que le conseil d'État n'aurait pas acceptés, sont refusés au Corps législatif, le préambule de la Constitution déclare que c'est uniquement

1. Pendant les dernières sessions, le gouvernement s'est vu forcé, en présence de l'opposition du Corps législatif, de retirer ou d'ajourner divers projets de loi, notamment : Le projet relatif au rachat du chemin de fer de Graissessac, celui qui concernait les chiffons, celui qui modifiait l'organisation des cours et des tribunaux, enfin le récent projet de loi sur l'enregistrement. Et je n'ai pas besoin de mentionner la loi qui avait pour but de constituer au général Montauban une pension de 50,000 francs. Son retrait a fait assez de bruit pour que nous n'en ayons pas perdu le souvenir.

afin d'empêcher « chaque député de se substituer à tout propos au gouvernement en présentant les projets les moins étudiés, les moins approfondis, » et l'introduction irréfléchie dans une loi « de ces amendements qui dérangent toute l'économie d'un système et l'ensemble du projet primitif. » Dans les commissions, où l'on n'a pas à redouter les fâcheuses conséquences d'une improvisation, on a toujours été complétement libre de proposer des amendements et de les discuter. « Tout député, disait le décret du 31 décembre 1852 — confirmé par celui du 3 février 1861 — a le droit de soumettre des amendements aux commissions désignées dans les bureaux pour l'examen des divers projets de loi, et de les défendre devant ces commissions, lors même qu'il n'en fait pas partie; et si l'amendement est adopté par la commission, il est présenté au conseil d'État, auprès duquel elle peut déléguer trois de ses membres pour le soutenir[1]. »

1. Règlement du Corps législatif, art. 58, 59, 60 et 61. — Les registres du Corps législatif constatent que, notamment en 1860, les députés ont largement usé de leurs droits. D'après le compte rendu publié par le secrétaire général, « les commissions ont délibéré sur 208 amendements, et le conseil d'État, à son tour, a

Mais l'article 52 de ce décret[1], déclarant aussi « qu'aucun amendement ne serait reçu après le dépôt du rapport, » interdisait implicitement le renvoi à la commission de tout projet de loi dont le rapport avait déjà été déposé en séance publique. Il en résultait que le seul moyen que nous eussions de soumettre les projets à une nouvelle étude, c'était de les repousser et d'obliger ainsi le gouvernement à les représenter. Le décret du 24 novembre, sans porter atteinte aux principes posés par la Constitution au sujet des amendements, et tout en maintenant l'interdiction de les présenter postérieurement au dépôt officiel des rapports, obvie à ce grave inconvénient en remettant en vigueur l'article 54 du décret organique du 22 mars 1852 (devenu l'article 66 du décret du 3 février 1861), qu'avait abrogé l'ancien règlement du Corps législatif. Cet article est ainsi conçu : « S'il intervient sur un article un vote de rejet, l'article est renvoyé à l'examen de la commission. Chaque

proposé 78 modifications. Le nombre des amendements sur lesquels les commissions et le conseil d'État se sont mis d'accord a été de 124. »

1. Cet article est maintenant l'article 58 du décret du 3 février 1861.

député peut alors, dans la forme prévue par les articles 58 et suivants du présent décret[1], présenter tel amendement qu'il juge convenable. Si la commission est d'avis qu'il y a lieu de faire une proposition nouvelle, elle en transmet la teneur au président du Corps législatif, qui la renvoie au conseil d'État. Il est alors procédé conformément aux articles 60 et suivants du présent décret, et le vote qui intervient au scrutin public est définitif[2]. »

[1]. C'est-à-dire que les amendements, provenant de l'initiative d'un ou de plusieurs membres, sont remis au président, et transmis par lui à la commission devant laquelle leurs auteurs ont le droit de se faire entendre.

[2]. Si l'avis du conseil d'État, transmis à la commission par l'intermédiaire du président du Corps législatif, est favorable, ou qu'une nouvelle rédaction admise au conseil d'État soit adoptée par la commission, le texte du projet de loi à discuter en séance publique sera modifié conformément à la nouvelle rédaction adoptée. Si cet avis est défavorable, ou que la nouvelle rédaction admise au conseil d'État ne soit pas adoptée par la commission, l'amendement sera considéré comme non avenu. (D. I. du 3 février 1861, art. 62).— Le rapport de la commission sur le projet de loi par elle examiné est lu en séance publique, imprimé et distribué vingt-quatre heures au moins avant la discussion, *sauf le cas d'urgence* déclaré par le Corps législatif sur la proposition du président. Dans ce cas, l'assemblée fixe le moment de la discussion. (*Id.*, art. 63.) A la séance fixée par l'ordre du jour, la discussion s'ouvre, et porte d'abord sur l'ensemble de la loi, puis sur les divers articles. Avant de clore la discussion, le Président con-

Ce n'est pas là le rétablissement du droit d'amendement tel que vous le comprenez en Angleterre, et tel qu'il existait en France avant le coup d'État, mais c'est du moins la solution de difficultés qui s'étaient produites pendant le cours de notre dernière session, et qui auraient pu donner lieu à de regrettables conflits.

Je dois en outre vous faire remarquer que lorsqu'il s'agit de la rédaction de l'adresse, le droit d'amen-

sulte la Chambre. S'il y a doute, après une seconde épreuve, la discussion continue. (*Id.*, art. 64.) Il n'y a jamais lieu de délibérer sur la question de savoir si l'on passera à la discussion des articles; mais les articles sont successivement mis aux voix par le président. Le vote a lieu par assis ou levé; si le bureau déclare l'épreuve douteuse, il est procédé au scrutin. (*Id.*, art. 65.) Après le vote sur les articles, il est procédé au vote sur l'ensemble de la loi. Le vote a lieu au scrutin public et à la majorité absolue. La présence de la majorité des députés est nécessaire pour la validité du vote. (*Id.* art. 67.) Toutes les fois qu'il y a lieu de voter par assis et levé, il est procédé au scrutin si dix membres au moins en font la demande. (*Id.* art. 68.) Le Corps législatif ne motive ni son acceptation ni son refus; sa décision ne s'exprime que par l'une de ces deux formules : le Corps législatif a adopté ou n'a pas adopté. (*Id.* art. 69.) — En France, les commissions sont toujours spéciales et temporaires; mais en Angleterre, outre les comités spéciaux désignés après la seconde lecture des bills, la Chambre des communes nomme, au commencement de sa session, quatre commissions permanentes de cinq membres. Ces commissions doivent recevoir les pétitions, examiner toutes les questions qui intéressent le commerce, s'occuper des affaires ecclésiastiques et veiller au maintien des droits de la Chambre. (V. p. 302.)

dement est presque aussi absolu pour nous qu'il l'était autrefois. Et le président du Corps législatif a pu nous dire, dans l'habile discours qu'il nous a adressé à l'ouverture de la session : « La préparation, la rédaction, le vote de cette adresse ne diffèrent des règlements antérieurs qu'en ce seul point : Un amendement n'est admis aux honneurs de la discussion que s'il est signé par cinq membres ; et un amendement politique sérieux trouvera toujours cinq membres pour l'appuyer. »

Quant à la discussion qui doit désormais précéder la nomination des commissions et qui, comme je vous l'ai déjà fait remarquer, semble empruntée aux usages du Parlement anglais, c'est une innovation dont l'expérience seule pourra nous faire apprécier le mérite. Il n'est pas à supposer, dans tous les cas, qu'on la fasse dégénérer ici en simple formalité ; je craindrais plutôt qu'elle ne devînt le prétexte de débats interminables et presque sans objet. « Immédiatement après la distribution des projets de loi — dit le décret du 24 novembre 1860 — et au jour fixé par le président, le Corps législatif, avant de nommer sa commission, se réunit en comité secret; une discussion sommaire est ouverte sur le projet de loi, et les commissaires du gouvernement y prennent part. La présente disposition n'est applicable ni aux projets de loi d'intérêt local ni dans le cas d'urgence. »

On a voulu permettre aux commissaires du gouvernement d'ajouter au besoin des explications verbales à l'exposé des motifs qui accompagne le texte de toutes les lois, et empêcher ainsi les bureaux de nommer les commissions sous l'empire d'interprétations erronées. Y réussira-t-on? Je le désire, sans beaucoup l'espérer. En Angleterre, le renvoi des bills en commission n'étant pas de plein droit, on comprend la nécessité des premières lectures qui ont pour but de décider s'ils seront ou non *committed*, c'est-à-dire soumis à l'examen d'une commission[1]. Mais le nouveau rouage qui vient d'être ajouté à notre mécanisme

---

1. Le bill est lu une première fois (*first reading*), le *speaker* (président) expose à la Chambre l'objet de ce bill, qui a d'ailleurs été distribué à tous les membres, et pose la question de savoir s'il sera passé outre. Dans le cas où le vote est affirmatif (et il l'est presque toujours, l'usage n'étant pas de discuter sur la première lecture qui n'est qu'une formalité), il est procédé à une seconde lecture, à la suite de laquelle le bill est ou n'est pas *committed*. (Voir page 298.)

législatif ne devant pas avoir la même conséquence, puisque, quel que soit le résultat de la discussion préliminaire d'un projet de loi, son renvoi à une commission est obligatoire, il ne pourra guère en résulter qu'une perte de temps.

C'est dans le sein des commissions que se fait et que doit se faire tout le travail du Corps législatif[1]; c'est là que, pendant des mois entiers, se sont élaborés le code militaire, le code maritime et cette loi sur la dotation de l'armée qui sera l'un des monuments du nouvel Empire; c'est là que le budget est, chaque

---

1. A l'ouverture de la première séance, le président du Corps législatif, assisté des quatre plus jeunes membres présents, qui remplissent les fonctions de secrétaires jusqu'à l'élection de six secrétaires définitifs, procède, par la voie du tirage au sort, à la division de l'assemblée en neuf bureaux. Les bureaux ainsi formés se renouvellent chaque mois, pendant la session, par la voie du tirage au sort. Ils élisent leurs présidents et leurs secrétaires. (Règlement, art. 48.) Tous les projets de loi sont imprimés, distribués et mis à l'ordre du jour des bureaux, qui, après la discussion sommaire en comité secret, les discutent et nomment, au scrutin secret et à la majorité, une commission de neuf membres, chargée d'en faire le rapport. Selon la nature des projets à examiner, le Corps législatif peut décider que les commissions à nommer par les bureaux seront de dix-huit membres au lieu de neuf. (Règlement, art. 54 et 55.) Ainsi la commission du budget se compose de dix-huit membres.

année, scruté minutieusement article par article;
c'est là que les délégués du conseil d'État, éclairés
sur les véritables sentiments de la Chambre par une
discussion approfondie avec ses mandataires, peuvent
sans danger accepter des modifications aux projets du
gouvernement, et faire, s'il y a lieu, de telles concessions à une entente commune que la discussion publique de ces projets, n'offrant plus le même attrait,
n'ait plus la même portée qu'autrefois. Aussi lorsque
le rapport d'une commission propose l'adoption d'une
loi, ses conclusions sont-elles presque toujours ad-
mises à une forte majorité. Je dois ajouter que si au
contraire le gouvernement n'a pu se mettre d'accord
avec la commission, il court rarement les chances du
scrutin [1].

1. Il arrive cependant parfois que les commissions considèrent
un peu trop comme un blanc seing le mandat qu'elles ont reçu des
bureaux qui les ont constituées, et n'ajoutent pas assez d'importance aux amendements qui leur sont présentés. — Peut-être
serait-il à désirer qu'il en fût de tous les projets d'amendements
comme des amendements au projet d'adresse, c'est-à-dire qu'ils fussent imprimés et distribués à tous les membres du Corps législatif.
Des amendements individuels pourraient ainsi devenir collectifs.
Il serait également désirable que l'on publiât tous les projets d'a-
mendements dans le *Moniteur*. Car le pays n'ayant actuellement,
avant le dépôt des rapports, aucune information sur les travaux

11

Le contrôle du Corps législatif devant surtout avoir pour objet les questions financières, la commission du budget a toujours procédé avec un soin scrupuleux à l'examen de toutes les dépenses et de toutes les recettes. Elle exige parfois de notables réductions; lorsqu'on les lui refuse, ses observations rendent du moins le conseil d'État plus exigeant à l'égard des ministres pour les exercices à venir. Et pourtant l'on conteste la portée de notre action répressive en matière de finances; on prétend que, ne pouvant plus voter le budget par chapitres[1], la crainte de jeter la perturbation dans les services publics et d'entraver la marche du gouvernement nous empêchera toujours de repousser l'allocation générale d'un département ministériel, malgré l'évidence des abus qu'on y au-

si utiles et souvent si laborieux des commissions, croit et doit croire que le Corps législatif prend des vacances lorsqu'il ne se réunit pas en séance publique.

1. Le budget des dépenses est présenté au Corps législatif avec ses subdivisions administratives par chapitres et par articles. Il est voté par ministère. La répartition du crédit accordé pour chaque ministère est réglée par décret de l'Empereur, rendu en conseil d'État. Des décrets spéciaux, rendus dans la même forme, peuvent autoriser les virements d'un chapitre à un autre. (S.-C. du 25 décembre 1852, art. 12.) Voir page 164.

rait signalés. On cite l'exemple des crédits extraordinaires et des crédits supplémentaires, dont la jus-
tification n'est obligatoire que longtemps après leur
expiration[1], et celui de certains virements mal justi-
fiés; et l'on en conclut que les ministres, revenant
ainsi, par une voie détournée, sur les concessions qui
leur ont été imposées, échappent en fait à notre juridiction. Ces allégations ne sont que spécieuses. Je ne
conteste pas qu'il ne fût plus rationnel de voter séparément, je ne dis pas chacun des articles du budget
— ce qui, contrairement au principe salutaire de la
séparation des pouvoirs, subordonnerait trop complétement l'administration à la Chambre — mais du

---

1. Lorsqu'il aura été accordé, en l'absence du Corps législatif,
des crédits supplémentaires pour des services prévus au budget,
ou des crédits extraordinaires pour dépenses urgentes et imprévues,
et que ces crédits n'auront pu être couverts par des virements de
chapitres, les décrets qui les auront autorisés seront soumis à la
sanction législative, savoir : ceux relatifs aux crédits extraordinaires, dans les deux premiers mois de la session qui suivra l'ouverture desdits crédits extraordinaires; et ceux relatifs aux crédits
supplémentaires, dans les deux premiers mois de la session qui
suivra la clôture de chacun des exercices sur lesquels des suppléments auront été accordés. Les suppléments dont il s'agit ne
pourront être employés, avant leur régularisation législative, aux
virements de chapitres effectués en exécution de l'article 12 du sénatus-consulte du 25 décembre 1852. (Loi du 5 mai 1855, art. 21.)

moins chacun de ses chapitres ; et je ne crois pas que si cette satisfaction, dont on nous a donné l'espoir, nous était accordée, le gouvernement en éprouvât le moindre préjudice. Cependant, quiconque est de bonne foi et a vu fonctionner la commission du budget, quiconque aura lu avec attention le résumé annuel de ses travaux et de ses discussions avec le conseil d'État, reconnaîtra que le contrôle ne saurait être plus sérieux.

La faculté de repousser un ministère tout entier, en cas de nécessité absolue, n'est point illusoire, car l'usage de cette faculté ne produirait aucune perturbation, ne créerait aucun embarras — le budget étant toujours présenté une année d'avance — et n'aurait d'autre conséquence que d'en retarder le vote. Ce serait pour le gouvernement une leçon profitable, rien de plus.

Depuis que ceci a été écrit, un document publié au *Moniteur* du 14 novembre 1861, le rapport de M. Fould, que les partis hostiles ont très-habilement exploité, a déterminé l'Empereur à faire droit aux observations dont ces *Lettres* avaient été l'un des

échos : le budget sera désormais voté par grandes divisions — ce qui est un premier pas fait vers le vote
isolé, et infiniment plus rationnel, de chacun de ses
chapitres ; car il n'est pas de contrôle efficace sans
spécialité. — Mais au lieu de se borner à réglementer,
plus utilement et plus efficacement, l'ouverture des
crédits supplémentaires ou extraordinaires, le sénatus-consulte du 31 décembre 1861 — qui modifie les
articles 4 et 12 de celui du 25 décembre 1852 — interdit formellement l'usage de ces crédits pendant l'intervalle des sessions ; et selon le désir exprimé par
le ministre actuel des finances, les remplace par l'autorisation d'opérer, en vertu de simples décrets, des
virements entre les différents services. Voici le texte
de ce sénatus-consulte : « Art. 1er. Le budget des dé-
« penses est présenté au Corps législatif avec ses divi-
« sions en sections, chapitres et articles. Le budget
« de chaque ministère est voté par sections, confor-
« mément à la nomenclature annexée au présent sé-
« natus-consulte. Les répartitions, par chapitres, des
« crédits accordés pour chaque section sont réglées
« par décret de l'Empereur en conseil d'État. — Art. 2.
« Des décrets rendus dans la même forme, peuvent

.« autoriser des virements d'un chapitre à un autre
« dans le budget de chaque ministère. —Art. 3. *Il ne*
« *pourra être accordé de crédit supplémentaire ou de cré-*
« *dit extraordinaire qu'en vertu d'une loi*[1]. »

Il sera bien difficile, sinon impossible, à une Chambre qui, ayant reconnu l'utilité d'un service public, en aura voté les fonds dans le budget général des dépenses, de refuser ensuite de sanctionner le virement en vertu duquel ces fonds auront été détournés

---

1. Le décret du 10 novembre 1856 portait : « Art. 1er. Les ministres ne pourront, sous leur responsabilité, engager aucune dépense nouvelle avant qu'il ait été régulièrement pourvu au moyen de la payer, soit par un supplément de crédit, soit par un virement de chapitre. — Art. 2. Tous les décrets portant ouverture de crédits supplémentaires ou extraordinaires, durant l'intervalle des sessions du Corps législatif, seront rendus en conseil d'État et indiqueront les voies et moyens qui seront affectés aux crédits demandés. — Art. 3. Avant de procéder à ses délibérations, le conseil d'État communiquera les décrets concernant les suppléments ou les virements de crédit au ministre des finances, qui donnera son avis, en prenant en considération les crédits déjà ouverts et la situation des impôts et revenus de l'État, comparativement aux prévisions du budget. — Chaque décret sera contre-signé par le ministre compétent et par le ministre des finances. » — Il résulte du rapport adressé à l'Empereur, le 30 mars 1861, par le président du conseil d'État, que de 1852 à 1861, l'assemblée générale du conseil d'État a eu à examiner 177 projets de virements de crédit, 183 demandes de crédits supplémentaires, 180 crédits extraordinaires, et 43 crédits additionnels. (V. p. 263.)

de leur affectation première. Si, pour faire face aux dépenses d'une expédition maritime ou d'une guerre imprévue, le gouvernement — qui ne peut plus ouvrir de crédits sans l'autoritation préalable du Corps législatif — a couvert ces dépenses en leur affectant les fonds destinés à la solde des troupes, la Chambre ne sera-t-elle pas moralement forcée de les voter une seconde fois? Et n'est-ce pas là un véritable crédit extraordinaire?

Au surplus, la nécessité d'avoir des ressources pour les cas imprévus est reconnue par le gouvernement anglais lui même, comme elle l'a été en France par tous les gouvernements[1]. Les crédits supplémentaires ou extraordinaires ne sont pas une innovation de la Constitution impériale[2]. — Seulement, l'équité a

1. En Angleterre, il est ouvert, chaque année, sous le titre de crédit général pour objets divers, un crédit de cent mille livres sterling, outre le capital de deux millions sterling (cinquante millions de francs) de la caisse du commissariat, qui représente les opérations de la banque de la trésorerie. (Extrait du *Moniteur* du 2 août 1861.)

2. La loi du 25 mai 1850, entre autres, dit expressément que, pendant la prorogation de l'Assemblée législative, des crédits, soit extraordinaires, soit supplémentaires, peuvent être ouverts par arrêté du Président de la République, après délibération du conseil des ministres et avec le contre-seing du ministre des finances » (art. 9).

toujours voulu que l'exception ne tendît pas à devenir la règle et ne détruisît pas incidemment, chaque année, l'équilibre du budget. Elle eût aussi voulu qu'on soumît plus tôt les crédits supplémentaires à notre ratification. Cependant les virements ou changements dans l'affectation spéciale des crédits n'étaient pas opérés, avant le sénatus-consulte du 31 décembre 1861, par l'unique volonté des ministres, qui ont toujours été obligés de consulter préalablement le conseil d'État. (V. p. 166, n. 1.)

Puisque l'on nous oppose sans cesse les garanties de tout genre qu'offre le gouvernement anglais, permettez-moi de vous faire remarquer que nos ministres, ne craignant pas que les réductions réclamées par la commission du budget les amoindrissent aux yeux du pays et diminuent leur autorité morale sur la Chambre, sont plus disposés que les vôtres à accepter de raisonnables transactions. En Angleterre, où le chancelier de l'Échiquier fait habituellement de l'adoption intégrale du budget qu'il présente une question du cabinet, si la majorité est acquise au ministère, elle en vote aveuglément toutes les parties, sans modification. Les observations échangées dans le comité des finances (*committee of supply*), n'ont pas plus de résultats que la discussion du comité des voies et moyens (*committee of ways and means*), à laquelle le budget est d'abord soumis. — Et il ne faut pas oublier que vos projets de loi ne subissent pas, comme les nôtres, la première épreuve du conseil d'État[1].

1. « On a souvent prétendu dans les commissions du budget, ou ailleurs, que l'Angleterre jouissait d'une bien meilleure situation que nous; que chez elle, les dépenses ordinaires des services civils étaient à peu près stationnaires. Si j'en crois les chiffres rapportés dans plusieurs documents, en vingt-trois ans, les dépenses civiles de l'Angleterre se sont accrues de *cinq millions et demi* par an, ce qui fait *cent vingt-six millions et demi* pendant vingt-trois ans. De 1840 à 1847, sous le régime du contrôle absolu des Chambres, les dépenses se sont accrues en France, pour les services dont je parle, de *quatre millions* par an. Et depuis 1847 jusqu'à 1858, les dépenses se sont accrues, pour les services civils, de *deux millions* par an. Voilà, messieurs, le résultat sommaire de cette administration qu'on dit si prodigue et si mal surveillée. » (Discours prononcé par M. Magne, ministre sans portefeuille, le 18 mars 1861.) — Quant à notre dette publique, dont on redoute tant l'accroissement, il n'est pas inutile de rappeler qu'elle est, en capital, de plus de *neuf milliards* au-dessous de celle des Anglais.

« Les dépenses de l'État (en Angleterre) ont monté du chiffre de cinquante-cinq millions et demi à celui de soixante-dix millions sterling. *Jamais les impôts n'ont été si élevés pendant la paix;* la situation actuelle n'est pas normale. » (Discours prononcé à Manchester, le 25 avril 1862, par M. Gladstone, chancelier de l'Échi-

L'Empereur choisit, chaque année, parmi les députés, le président et les vice-présidents du Corps législatif[1]. Il a seul le droit de le convoquer, de l'ajourner, de le dissoudre; mais, en cas de dissolution, il doit en convoquer un autre dans le délai de six mois[2]. Les députés sont élus pour six ans[3]; pendant la durée de leur mandat, leur indépendance a tout autant de garanties qu'en Angleterre[4]. — Le Corps législatif est,

quier.) — Voir page 245 le budget français et le budget anglais comparés.

1. C., art. 43. — Voir page 304.

Les secrétaires, qui jusqu'ici étaient les plus jeunes membres du Corps législatif, sont désormais élus par lui à l'ouverture de chaque session. — « Après la vérification des pouvoirs, et sans attendre qu'il ait été statué sur les élections contestées ou ajournées, le Corps législatif élit parmi ses membres, pour toute la durée de la session, six secrétaires, dont quatre, à tour de rôle, siégent au bureau, pendant les séances publiques. » (D. I. du 3 février 1861, art. 51.)

2. C., art. 46. — Les colléges électoraux sont convoqués par un décret impérial, qui doit être promulgué vingt jours au moins avant leur ouverture. (D. O. du 2 février 1852, art. 4.) — En Angleterre, ce droit appartient également à la Reine seule.

3. C., art. 38. — En Angleterre les députés sont nommés pour sept ans.

4. Les députés ne peuvent être recherchés, accusés ni jugés en aucun temps pour les opinions qu'ils ont émises au sein du Corps législatif. (D, O., art. 9.) Aucune contrainte par corps ne peut être exercée contre un député durant la session, et pendant les six semaines qui l'auront précédée ou suivie. (*Id.*, art. 10.) Aucun dé-

comme la Chambre des communes, juge souverain de la validité des élections, et il a toujours montré une juste sévérité[1].

L'indemnité qui est attribuée à ses membres a soulevé beaucoup d'objections; elle est pourtant la conséquence logique de notre système électoral. Il

puté ne peut être poursuivi ni arrêté en matière criminelle, sauf les cas de flagrant délit, qu'après que le Corps législatif a autorisé la poursuite. (*Id.*, art. 11.) — Les Chambres anglaises ont souvent abusé du droit de juger elles-mêmes les offenses dirigées contre elles. Les membres du Parlement ne peuvent être arrêtés en matière civile, les lords à quelque époque que ce soit, les membres de la Chambre des communes pendant la session et pendant les quarante jours qui la précèdent et qui la suivent. (St. 11 et 12 W. III, c. 3.) En matière criminelle, l'arrestation peut avoir lieu, mais il faut en informer immédiatement la Chambre dont fait partie le membre incriminé et lui demander l'autorisation de continuer les poursuites. (St. 17, G. II, c. 6.) Les membres du Parlement peuvent aujourd'hui, comme tous les autres citoyens, être poursuivis sur leurs biens (St. 10, G. III, c. 50), ou déclarés en état de banqueroute. (St. 6, G. IV, c. 16, sections 10 et 11.) Dans ce cas, ils sont d'abord suspendus pour un an, puis exclus de la Chambre si, après ce temps, ils ne sont pas libérés. (V. p. 285.)

1. Le Corps législatif est seul juge de la validité des opérations électorales. (D. O., art. 5.) V. p. 297. — Il est à regretter que, contrairement à ce qui se passe en Angleterre, un député au Corps législatif, dont l'élection a été annulée pour cause de corruption, puisse se représenter dans la même circonscription; car évidemment il y bénéficiera, pour la seconde élection, des faits de corruption qui ont amené l'annulation de la première.

était naturel que celui qui ne pouvait être nommé que s'il justifiait du payement de contributions s'élevant à un certain chiffre, ne reçût aucune allocation ; la qualité d'éligible indiquait autrefois en France, comme elle indique encore en Angleterre, une certaine fortune qui ne peut plus être également supposée chez tous les élus du suffrage universel[1].

D'ailleurs l'incompatibilité de toute fonction publique salariée avec le mandat législatif, qui est actuellement décrétée comme un principe absolu, n'existait sous le régime parlementaire qu'à titre d'exception. Sous la Restauration et sous le règne de Louis-Philippe,

1. V. p. 186, 265 et 298 les conditions électorales de l'Angleterre. — Sous la Restauration, il fallait, pour être éligible, payer 1,000 fr. d'impôts et 500 fr. sous Louis-Philippe. — Les députés au Corps législatif reçoivent une indemnité qui est fixée à 2,500 fr. par mois, pendant la durée des sessions ordinaires ou extraordinaires. (S.-C. du 25 décembre 1852, art. 14.) Les sessions ordinaires doivent durer trois mois (C., art. 41); mais elles sont, chaque année, prolongées au moins d'un mois. — Les membres de la Chambre des communes ne touchent aucun traitement ou indemnité. Autrefois, les députés des comtés et des bourgs étaient salariés par leurs commettants; ceux des comtés avaient 4 schellings par jour, et ceux des villes 2 schellings. Le salaire des membres de la Chambre des communes cessa sous Henry VIII. — Il est à remarquer que plus d'une ville, afin de se débarrasser de cette charge, sollicita du roi la faveur de ne plus envoyer de députés au Parlement.

un grand nombre de députés, étant en même temps fonctionnaires, se trouvaient rétribués indirectement. La Constitution impériale a sagement fait en permettant l'élection, sans condition de cens, de tous les citoyens; elle s'est peut-être montrée moins équitable en interdisant l'accès de la Chambre élective à tous les fonctionnaires sans distinction. Mais on a voulu lui assurer ainsi une complète indépendance, et éviter qu'on pût la soupçonner de céder à des pressions hiérarchiques[1].

Nos séances publiques, pendant les neuf années qui viennent de s'écouler, n'ont eu d'intérêt que dans des cas exceptionnels. La discussion du budget et celle de toutes les lois ayant un caractère politique excitaient seules la curiosité et ramenaient dans les tribunes la foule qui s'y pressait autrefois. — L'esprit politique n'est pas mort en France, il n'est qu'as-

---

1. C'est ce qui résulte des termes mêmes de la très-remarquable circulaire que M. le comte — aujourd'hui duc — de Morny, alors ministre de l'intérieur, adressait aux préfets le 20 janvier 1852, à l'occasion de la première élection générale du Corps législatif: « La situation des fonctionnaires dans une assemblée politique, disait M. de Morny, est toujours délicate: en votant dans le sens du pouvoir, ils diminuent leur propre caractère; en votant contre lui, ils affaiblissent le principe de l'autorité. » (V. p. 192, n. 1.)

soupi; pour le réveiller, il a suffi de quelques discours auxquels l'adresse a servi de prétexte.

La Constitution de 1852, dans la crainte que l'on ne cédât trop facilement aux excitations de l'ancienne tribune, et pour enlever à la presse l'occasion de semer de nouveau l'agitation et le désordre, n'avait pas hésité à supprimer, matériellement, la tribune et à interdire tout compte rendu qui n'aurait pas été préalablement approuvé par le président du Corps législatif. On est encore obligé aujourd'hui de parler de sa place, ainsi que cela s'est constamment pratiqué en Angleterre; mais les discours ne subissent plus l'épreuve que l'on avait assez justement comparée à celle du lit de Procuste[1].—Que l'on ait forcé les journaux à publier *in extenso* tous les discours et à ne pas mettre uniquement en relief ceux qui se trouvent conformes à leur opinion, l'équité le voulait; mais il ne

1. Le compte rendu des séances du Corps législatif par les journaux ou tout autre moyen de publication ne consistera que dans la reproduction du procès-verbal dressé, à l'issue de chaque séance, par les soins du président du Corps législatif. (C., art. 42.) Le compte rendu prescrit par l'article 42 de la Constitution est soumis, avant sa publication, à une commission composée du président du Corps législatif et des présidents de chaque bureau. (S.-C. du 25 décembre 1852, art. 13.)

pouvait y avoir un sérieux danger à laisser aux discussions leur véritable physionomie. C'est ce qu'a compris l'Empereur. Le sénatus-consulte du 2 février 1861, en autorisant la reproduction textuelle des débats des deux Chambres, a donné indistinctement à tous les organes de la publicité des facilités pour cette reproduction et modifie équitablement les restrictions imposées aux journaux par l'article 42 de la Constitution[1].

1. L'article 42 de la Constitution est modifié ainsi qu'il suit : « Les débats des séances du Sénat et du Corps législatif sont reproduits par la sténographie, et insérés *in extenso* dans le journal officiel du lendemain. En outre, les comptes rendus de ces séances, rédigés par des secrétaires-rédacteurs placés sous l'autorité des présidents de chaque assemblée, sont mis chaque soir à la disposition de tous les journaux. — Le compte rendu des séances du Sénat et du Corps législatif, par les journaux ou tout autre moyen de publication, ne consistera que dans la reproduction des débats insérés *in extenso* dans le journal officiel, ou du compte rendu rédigé sous l'autorité du président, conformément aux paragraphes précédents. — Néanmoins, lorsque plusieurs projets ou pétitions auront été discutés dans une séance, il sera permis de ne reproduire que les débats relatifs à un seul de ces projets ou à une seule de ces pétitions. — Dans ce cas, si la discussion se prolonge pendant plusieurs séances, la publication devra être continuée jusqu'au vote et y compris le vote. — Le Sénat, sur la demande de cinq membres, peut décider qu'il se forme en comité secret. » (S.-C. du 2 février 1861.) — Depuis le commencement de la discussion de l'adresse, l'administration a autorisé les journaux à commenter nos discours avec une entière liberté.

Le rapport de la commission du Sénat qui a été chargée d'éla-

L'importance acquise par le Corps législatif pro-
fitera au gouvernement. Il était utile que chacun
pût mieux apprécier la valeur réelle d'un Corps auquel on n'avait d'autre reproche à adresser que celui
d'avoir fait beaucoup de bien sans beaucoup de
bruit.

Les discussions du Parlement anglais ne sont pas
publiques ou du moins sont supposées ne pas l'être.
Ce n'est que depuis le milieu du dix-huitième siècle
qu'on a toléré des spectateurs aux séances des deux
Chambres et le compte rendu de leurs débats. Vous
le savez mieux que moi, il suffirait encore aujour-
d'hui qu'un seul membre rappelât l'ancienne prohi-
tion pour que la salle fût évacuée[1]. Mais la publicité

borer ce sénatus-consulte, avait déclaré qu'un projet de loi serait
présenté au Corps législatif pour exempter du timbre et des droits
de poste les suppléments que pourrait rendre nécessaires pour les
journaux l'insertion de la sténographie ou du compte rendu des
débats législatifs. « Cette dispense existe pour le *Moniteur*, dit le
rapport, il est juste de l'étendre aux journaux, et de faire régner
ici une juste égalité. » — Le projet de loi nous a en effet été présenté et a été voté.

1. Il y a vingt ans, O'Connell, ayant eu à se plaindre du compte
rendu des journaux, usa contre eux de cet ancien droit, qui n'est
nullement périmé.

des votes, résultant de la publication des procès-verbaux, existe en Angleterre de temps immémorial. Lorsqu'en 1855, M. Berkeley proposa à la Chambre des communes l'introduction du scrutin secret (*ballot*), lord Palmerston déclara, dans un de ses plus beaux discours « que la suppression du vote public détruisant la responsabilité, qui est l'un des principes essentiels de la Constitution anglaise, serait une dégradation du caractère national [1]. »

Les mêmes idées n'ont pas toujours été adoptées en France ; elles ont prévalu dans la Constitution de 1852[2]. Les lois sont votées publiquement, quoique le Corps législatif ait conservé le droit de se former en comité secret.

Le dévoûment du Corps législatif étant fondé sur

---

1. Séance du 23 mai. La motion de M. Berkeley fut rejetée par 218 voix contre 166. — Il vient de la renouveler et elle a eu moins de succès encore ; elle a été repoussée par 279 voix contre 154. (Séance du 23 avril 1861.) — Dès 1770, M. Worthley avait proposé en faveur du vote *by ballot* un bill qui passa aux communes, mais qui fut repoussé par les lords.

2. Voir à la page 156, la note 2. — La demande de cinq membres suffit pour que le Corps législatif se forme en comité secret. (C., art. 41.)

la nécessité et sur la raison, les membres d'une opposition radicale qui se sont introduits parmi nous, il y a quatre ans, n'ont que très-légèrement modifié sa physionomie ; et toutes les fois que certaines théories politiques ont été exposées devant lui, elles n'ont eu pour effet que de donner une force nouvelle à son esprit conservateur. — La liberté d'appréciation dont jouissent nos adversaires a fait justice des assertions intéressées qui représentaient le gouvernement de l'Empereur comme une autocratie sans contre-poids, et la Chambre des députés comme une réunion d'approbateurs muets de toutes les mesures.

Le budget nous fournissait déjà l'occasion de tout examiner et de tout critiquer. Le droit, que nous a conféré le décret du 24 novembre, d'exprimer solennellement, par le vote d'une adresse, l'opinion du pays sur la marche des affaires ; la faculté d'interpeller les ministres, dont nous avons si largement usé pour la première fois, deviendront en quelque sorte la sanction de notre contrôle. — Et la concession est d'autant plus habile qu'elle était moins prévue. — Mais elle ne doit évidemment pas modifier les principes qui ont été posés par la Constitution. Le discours de l'Empereur n'est point, comme l'était autrefois le discours du Trône, l'œuvre collective des membres du gouvernement; c'est l'œuvre personnelle du chef de l'État. L'adresse n'a d'autre but que d'édifier sur les vœux de la France Celui qui entend rester devant elle seul responsable de ses actes comme de ses paroles [1].

Cependant comment supposer qu'il refuse d'y sous-

1. « Il nous paraît évident que l'adresse d'aujourd'hui ne saurait avoir le caractère et les effets de l'adresse d'autrefois. Celle-ci signifiait que les ministres devaient être choisis par les Chambres avant d'être nommés par le roi; elle signifiait que le roi était gouverné et ne gouvernait pas; par suite, l'adresse avait le caractère belliqueux d'un tournoi, où une majorité disputée et tiraillée décidait, après maintes péripéties dramatiques, qui devait sortir triomphant de la lutte parlementaire, ou les hommes qui aspiraient à posséder le pouvoir, ou ceux qui en avaient la possession. — Aujourd'hui l'adresse, au lieu d'être un champ de bataille, ne sera qu'une information loyale et patriotique sur les besoins du pays. On discutera pour éclairer le pouvoir, non pour le renverser; la parole des orateurs sera plus impartiale, quand l'ambition des portefeuilles n'en sera plus l'excitation. On fera les affaires publiques, on ne fera plus celles des coalitions et des partis. La vie publique prendra plus d'énergie; mais elle ne sera plus celle des factions. » (*Rapport de M. le président Troplong.*)

Le nouveau règlement déclare que les présidents du Sénat et du Corps législatif font de droit partie de la commission de l'adresse. C'est d'ailleurs un droit qu'avaient autrefois les présidents des deux Chambres.

crire? Comment admettre qu'il n'écoute pas la voix des représentants de la nation? Nous ne pouvons plus lui dicter nos volontés et l'obliger à suivre une politique qui ne lui paraîtrait pas conforme à nos véritables intérêts; nous ne pouvons plus le forcer à changer son ministère tout entier et lui imposer arbitrairement des conseillers qui n'auraient pas sa confiance. Mais ne sommes-nous pas libres de lui témoigner nos préférences et nos méfiances, et de les manifester par nos discours et par nos votes? —Tous les renseignements de nature à éclairer nos discussions sur la politique extérieure et sur la politique intérieure sont imprimés et distribués à chacun de nous [1]; il nous est permis d'y faire pour nos critiques une large moisson. — Ne sommes-nous pas libres, en persistant à repousser les projets d'un ministre, d'indiquer que ce ministre n'a pas nos sympathies? Et croyez-vous que l'Empereur hésite jamais entre le renvoi d'un de ses conseillers et la dissolution d'une Chambre dévouée, à laquelle, d'ailleurs, il serait possible que les électeurs confiassent de nouveau leur mandat?

1. Ce sont nos *blue books.*

N'est-ce pas là l'équivalent du régime parlementaire dégagé de tous ses dangers, mais conservant tous ses avantages?

Si vous comparez le langage net et précis que nous a tenu cette année l'Empereur avec les paroles que vos ministres ont mises dans la bouche de la Reine, les explications si élevées et si catégoriques de M. Billault avec les discours emphatiques de lord Palmerston, les documents diplomatiques qui nous ont été communiqués avec ceux dont on vous a donné connaissance, vous reconnaîtrez sans doute que le contrôle des tendances du gouvernement est aussi facile en France qu'il l'est en Angleterre.

L'esprit de sagesse et de modération dont le Corps législatif a donné tant de gages depuis neuf ans se maintiendra-t-il? Résistera-t-il à de nouvelles épreuves? La conscience de ses droits et de l'importance politique qu'il vient d'acquérir ne fera-t-elle pas naître en lui la pensée d'intervenir plus activement encore dans la direction des affaires publiques?

La solution de cette grave question est, selon moi,

entre les mains de ceux qui nous gouvernent. De même que les assemblées ont toujours tendu à agrandir le cercle de leurs attributions, de même les gouvernements avaient toujours cherché jusqu'ici à le diminuer. C'est de cette tendance réciproque en sens contraire que naissent les conflits d'où sortent les révolutions. Mais si le gouvernement est habile, si, tout en restant dans les sages limites que lui trace la Constitution, il continue à faire, en temps opportun, les concessions qu'indiquera l'expérience, nous continuerons à remplir, sans aucun danger, quoique avec un peu plus de bruit, l'utile mission qui nous est confiée.

Et quels que soient les efforts de ceux qui espèrent retrouver dans la tribune un facile marchepied pour escalader les hautes fonctions de l'État, l'Empereur mettra définitivement de son côté une puissance devant laquelle, comme il l'a si justement dit un jour, s'inclinent toutes les autres : la puissance de l'opinion.

Il est de mode dans un certain monde, et particulièrement dans la classe moyenne, d'exalter le mérite de la Constitution anglaise. Ce n'est pas seulement depuis le rétablissement de l'Empire que notre bourgeoisie s'extasie, de confiance, sur les avantages de votre organisation politique; l'anglomanie était du meilleur ton sous le règne de Louis-Philippe, et pendant les premières années de la Restauration vous avez été nos maîtres et nos modèles. La raison de cet engouement était toute simple; on voyait un grand peuple, jouissant d'une prospérité exceptionnelle, d'une liberté qui paraissait sans limites[1], résister, par la force de son bon sens, à l'entraînement des passions qui ont bouleversé l'Europe; on voyait un parlement, presque souverain, gouverner et administrer l'Angleterre à sa fantaisie, sans jamais cependant porter la moindre atteinte au prestige de la couronne, élever aujourd'hui les tories au pouvoir pour les remplacer demain par les whigs, allant perpétuellement d'un extrême à l'autre, sans agitation

---

1. Il n'est pas cependant inutile de rappeler, au sujet de la liberté absolue dont les Anglais prétendent jouir, d'abord le *riot act* et puis une loi de 1819 ainsi conçue : « Tout homme qui, faisant partie d'une assemblée du peuple, ne se retirera pas après l'ordre d'un seul juge de paix, sera condamnable *à la peine de mort.* »

dangereuse, sans troubles, sans émeutes ; et ne vous jugeant qu'à la surface, ne tenant compte ni de la différence de nos mœurs, ni de celles de nos habitudes et de nos caractères, on croyait de bonne foi, ou l'on feignait de croire, que ce qui existait là pouvait exister ici. A l'époque même où nos institutions politiques, calquées sur les vôtres, auraient dû enlever tout prétexte à la critique, on trouvait encore que nous n'entrions pas assez complétement dans votre sillon. — Vous savez mieux que nous combien les apparences libérales de votre gouvernement sont trompeuses ; vous qui passez pour un radical, vous déclareriez bien certainement votre radicalisme satisfait si l'égalité des droits était, en matière électorale, aussi respectée actuellement en Angleterre qu'elle l'a toujours été en France.

Je laisse ici de côté la question spéciale du suffrage universel ; mais quand j'examine, au point de vue électoral, les distinctions qui séparent en Angleterre les citoyens payant le même cens, se trouvant dans des conditions de capacité identiques et qui devraient être logiquement traités comme ils l'ont toujours été en France, c'est-à-dire sur le pied de l'égalité la plus

complète; quand je vois la différence qu'on maintient entre les droits respectifs des trois royaumes
qui constituent les îles Britanniques ; quand je constate ce qui s'y est passé jusqu'en 1832 et ce qui s'y
passe encore aujourd'hui, j'avoue que je reste stupé-
.fait de la naïveté ou de la mauvaise foi de ces partisans à tout prix du régime anglais, et je ne puis
résister au désir de vous rappeler les étranges anomalies de votre droit politique.

Avant la réforme de 1832, les francs tenanciers
(*free-holders*), qui tenaient originairement leur inves-
titure du roi d'Angleterre, avaient seuls le droit de
voter aux élections des comtés, à l'exclusion des autres propriétaires, quelle que fût l'importance de leurs
possessions territoriales[1]. Et, pendant longtemps, le
roi choisit arbitrairement parmi les villes celles qui
devaient envoyer des députés au Parlement. Les franchises électorales, accordées le plus souvent à de petites localités placées sous l'influence du souverain ou
de quelque grand dignitaire, avaient pour but d'aug-

---

1. Voir page 265.

menter, dans la Chambre des communes, le nombre des voix inféodées à la couronne. Old Sarum, qui se trouvait composé d'*une seule famille d'électeurs*, nommait deux députés[1]. Ces villes, dont un petit nombre de personnes placées sous la dépendance d'un unique propriétaire, formaient tout le corps électoral, étaient appelées *close boroughs*, qu'on a traduit par bourgs pourris.

Lorsque Pitt proposa, en 1782, le premier projet de réforme[2], les scandales étaient tels, vous ne l'ignorez

1. Le droit d'accroître ou de diminuer, à leur volonté, le nombre des *boroughs* avait été contesté et dénié aux rois d'Angleterre, par le Parlement. — Des villes, autrefois considérables et plus tard réduites à quelques habitants, conservèrent, jusqu'à l'acte de réforme, la franchise électorale qui ne s'était pas étendue à d'autres villes, obscures dans l'origine mais ayant acquis depuis lors une grande importance.—Old Sarum avait été siége épiscopal.—Avant 1832, le droit des électeurs des bourgs dépendait entièrement des diverses chartres, coutumes ou constitutions particulières à ces bourgs.

2. Le projet de Pitt fut repoussé à une assez faible majorité; cependant les événements politiques qui bientôt se succédèrent sur le continent ne permirent plus de le représenter. — La révolution de Juillet doit être considérée comme la cause déterminante de la réforme accomplie en Angleterre. Son contre-coup s'y était fait sentir de manière à inquiéter le gouvernement de Guillaume IV. Aussi, dès 1831, la Chambre des communes accueillit-elle favorablement l'*English reform bill*, que lui présentait un ministère composé *ad hoc* par lord Grey, et dont faisaient partie lord Pal-

pas, que la plupart des villes ayant la libre disposition de leurs votes, et n'étant pas inféodées à quelque noble famille, se vendaient publiquement, soit par l'intermédiaire d'un club, soit par celui d'un procureur (*attorney*) ; l'on a souvent cité des *boroughs mongers* (marchand de bourgs) qui disposaient de douze siéges au Parlement. En 1795, Gatting avait été vendu 110,000 livres sterling (2,750,000 fr.), et la première élection briguée à Hull en 1818, par sir James Graham, bien qu'elle ne réussit pas, lui coûta 14,000 livres (350,000 francs). Dans les campagnes, ce n'était pas seulement de la corruption qu'on se plaignait, mais de l'abus des influences locales.

Depuis la réforme électorale, tout propriétaire foncier âgé de vingt et un ans, ayant dans les comtés un revenu net de dix livres sterling (250 francs), est électeur; dans les villes, quiconque occupe, soit comme

merston, lord Brougham et lord John Russell. Mais à la Chambre des lords, les évêques, les pairs d'Irlande, ceux d'Écosse, et les lords lieutenants, qui formaient une majorité de tories, décidèrent son rejet, et il ne fut définitivement adopté que le 4 juin 1832, sous la menace d'une création de pairs.

propriétaire, soit comme locataire, une maison d'un produit net de dix livres, peut également prendre part aux élections de la Chambre des communes, pourvu que les uns et les autres se soient fait inscrire sur la liste électorale[1]. Enfin, pour être éligible, il faut avoir vingt et un ans et justifier d'un revenu de 600 livres sterling (15,000 francs), lorsqu'il s'agit d'être élu dans un comté, et de 300 livres seulement dans les bourgs.

Si cette règle s'appliquait indistinctement à tous les citoyens et dans les trois royaumes, le progrès serait incontestable et l'on serait moins bienvenu à réclamer, comme on le fait aujourd'hui de tous côtés, une nouvelle réforme. Mais dans les comtés, je ne parle encore que de l'Angleterre, dans les comtés, les francs tenanciers héréditaires ou à vie, quels que soient leurs revenus, continuent à jouir du bénéfice

---

1. Pour être inscrit sur la liste électorale, il faut avoir un an de domicile, six mois de résidence réelle, et justifier de l'acquittement préalable de diverses taxes, surtout de la taxe des pauvres (*poor rate*). L'électeur ayant un droit à vie perd l'usage de ce droit si pendant deux ans consécutifs il a omis de se faire inscrire sur le registre des élections. (Voir pages 273 et 278.)

de l'ancienne législation, et les droits des fermiers résultent tout à la fois du prix et de la durée de leur bail[1]; dans les villes, les membres des corps de métiers ou autres corporations des bourgs et de la cité de Londres (*freemen* ou *liverymen*) conservent à perpétuité leurs vieilles franchises électorales; bien plus, tous ceux qui, antérieurement au 7 juin 1832, avaient, à un titre quelconque, le droit de voter, le gardent temporairement.

Je ne vous rappellerai pas les nombreuses réserves qui ont été faites aux conditions requises, en principe, pour l'éligibilité[2]. Dès que l'on touche à la législation

1. Ceux-là sont électeurs qui ont un bail d'au moins soixante ans et d'un produit net et annuel de 10 liv. sterl.; mais lorsqu'il s'agit d'un bail contracté pour vingt ans seulement, il faut que le revenu soit de 50 liv. (1,250 fr.). La même règle est appliquée aux simples tenanciers. (V. p. 272.)

2. Les fils aînés de pairs et les membres des universités sont exempts de toute obligation de cens. Les pairs ne peuvent être élus à la Chambre des communes ni prendre part aux élections de cette Chambre, excepté les pairs d'Irlande qui n'ont pas été élus à la Chambre des lords. Lord Palmerston, pair d'Irlande, représentait à la Chambre des communes le bourg de Tiverton, dans le Devonshire. Si les pairs anglais ne sont pas éligibles, les membres de leur famille profitent largement de leurs droits électoraux. On a remarqué, en 1854, que 145 membres des familles de la pairie siégeaient à la Chambre des communes. (V. p. 286.)

de cette terre classique de la liberté et de l'égalité, on ne rencontre que priviléges, exceptions et restrictions.

En France, lorsque nous parlons des Anglais, nous ne faisons pas plus de distinction entre les habitants de Londres, de Dublin ou d'Édimbourg, qu'entre un habitant de Paris, de Lille ou de Besançon. Les citoyens des îles Britanniques ayant le même souverain, le même drapeau, le même Parlement, la même langue, étant soumis envers leur patrie commune aux mêmes obligations, nous devons croire qu'ils jouissent des mêmes droits ; que la loi des Anglais, celle des Écossais et celle des Irlandais ne forment qu'une seule et même loi. Il n'en est point ainsi[1] En Écosse comme en Angleterre, les possessions territoriales relevaient toutes du roi ; mais en Angleterre les francs tenanciers étaient tous électeurs, tandis qu'en Écosse les tenants im-

---

1. L'acte de réforme du 7 juin 1832 ne concernait que l'Angleterre et le pays de Galles. Une nouvelle loi relative à l'Écosse fut promulguée le 17 juillet, et celle qui concernait l'Irlande le 7 août de la même année.

médiats (*who held in chief*) avaient seuls le droit de voter[1].

Depuis la réforme, les anciens priviléges des Écossais sont devenus viagers, ceux des Anglais et des Irlandais se trouvent réservés pour l'avenir.

En Écosse, c'étaient autrefois les conseils municipaux des villes formant un *royal burgh*[2] et composés de vingt personnes se recrutant elles-mêmes, ou plutôt c'étaient cinq délégués de ces conseils municipaux réunis au chef-lieu (*head burgh*) qui choisissaient un député[3]. Cela constituait un genre de vote à deux de-

1. Le propriétaire que sa charte déclarait *vassal du tenant* n'avait pas le droit de voter, à moins de stipulation contraire. De telle sorte que le droit de vote se séparait fréquemment du droit de propriété, et qu'un *feudal overlord* pouvait, à sa volonté, rester électeur en vendant son patrimoine, ou bien cesser de l'être en le conservant. C'est ainsi que, par une des bizarreries de la Constitution, les pairs auxquels il était interdit de voter eux-mêmes devenaient libres de conférer leur privilége électoral à une ou plusieurs personnes. (V. p. 283.)

2. Avant la réforme, l'Écosse était représentée par 30 députés des comtés et par 15 des bourgs royaux. Édinburg et Glascow en nommoient isolément un, et l'on classait les autres villes par groupes de cinq pour chaque élection.

3. Des villes très-importantes, telles que Greenville, l'un des grands dépôts du commerce; Peterhead, le siége principal de la pêche de la baleine; Paisley, le centre industriel et manufacturier le plus considérable après Glascow, n'étaient pas des *royal burghs*. Le nombre des votants ne dépassait pas alors trois mille

grés qni offrait la plus large prise à la corruption[1].
Aujourd'hui la franchise électorale, qui était réservée
aux conseils municipaux, est étendue aux propriétaires et aux locataires ayant un revenu ou un loyer de
dix livres sterling.

Quant à l'Irlande, dont les francs tenanciers avaient
les mêmes priviléges que les francs tenanciers anglais, on a suivi pour elle, en 1832, un système analogue à celui qui avait été adopté pour l'Angleterre;
elle semble ainsi, chose étrange, bien plus favorisée
que l'Écosse en matière électorale. Le serment reli-

dans les comtés. Quatre ou cinq mille personnes composaient tout le
corps électoral d'une population de plus de deux millions d'habitants.

1. Lord Brougham, dans son *Essai sur la Constitution*, déclare
qu'il est impossible de guérir la plus grande plaie de l'Angleterre,
la corruption (page 127); et, plus loin, il se plaint de cette réforme
(dont cependant il fut l'un des auteurs) « qui a multiplié les bourgs
de 200 à 400 votants, de telle sorte que tous les genres de corruption y sont pour ainsi dire en serre chaude : *hotbeds of every spe-
cies of corruption* » (page 128). Ce qui ne l'empêche pas d'ajouter
que « l'absence des bourgs pourris (*close boroughs*) ou de quelque
chose d'équivalent est un mal qu'on ne peut nier et qui gêne considérablement la marche des affaires publiques. »—« Quelque contraires, dit-il, que soient les bourgs pourris aux principes constitutionnels, l'impossibilité d'assurer aux grands fonctionnaires de
l'État une place dans la Chambre des communes est un inconvénient très-sérieux. » — La Constitution anglaise n'admet pas qu'un
ministre puisse entrer dans la Chambre dont il ne fait pas partie.

gieux, que les membres des corporations étaient obligés de prêter avant le vote, ayant été aboli en 1828,
n'exclut plus les catholiques des élections, et les Irlandais jouissent maintenant — dans les villes comme
dans les comtés — de droits pareils à ceux des habitants de l'Angleterre. Cependant, à d'autres points de
vue, quel servage est le leur ! quelle misère au milieu
de la prospérité générale ! avec quelle indifférence on
traite, dans le Parlement, ces sujets catholiques rivés
par des chaînes à la Grande-Bretagne et dont le
fameux O'Connell ne peut plus signaler le martyre à
l'Europe indignée !

Je ne vous dirai rien des formalités du *poll*
(scrutin)[1], malgré leur bizzarerie ; je n'établirai au-

---

1. Les formalités du *poll*, bien qu'elles aient entre elles de
grandes analogies, ne sont pas absolument identiques en Angleterre, en Écosse et en Irlande. L'ordre de convocation est donné
pour les trois royaumes par le *lord chancellor*, si l'on doit procéder à une élection générale, et par le *speaker* (président de la
Chambre des communes), s'il s'agit d'une élection partielle. Le
scrutin n'est pas ouvert si le nombre des candidats ne dépasse pas
celui des membres à élire, et s'il n'est pas réclamé. Le député se
trouve alors nommé de plein droit (*by a show of hands*). Les noms
des votants sont inscrits sur un registre spécial à chaque candidat.
— Le scrutin est ouvert, en Irlande (dans les comtés et dans les

cun parallèle entre notre manière de faire les lois et vos procédés législatifs. Peut-être trouverez-vous déjà longue cette digression. Mais, je vous le demande, est-ce donc la constitution électorale antérieure à 1832 que l'on nous proposerait pour modèle? Est-ce celle qui existe aujourd'hui, que vous avez si souvent et si éloquemment combattue et que ses auteurs flétrissent eux-mêmes avec tant de raison? ou bien serait-ce la nouvelle réforme qu'a vainement réclamée lord Russell et qui a été repoussée par les uns comme trop radicale, et par les autres comme insuffisante?

Malheureusement, tout se tient dans votre organisation politique : respect de la royauté et omnipotence du Parlement; licence de la presse et soumission aux lois; inégalités des droits électoraux et priviléges aristo-

villes), le jour fixé pour l'élection ou le lendemain au plus tard, et seulement deux jours après (*the next day but two after the day fixed for the election*) dans les comtés d'Angleterre et d'Écosse. Dans les bourgs d'Angleterre, il doit commencer immédiatement; dans ceux d'Écosse, il peut être retardé jusqu'au quatrième jour. La durée du scrutin est de deux jours en Angleterre et en Écosse; mais en Irlande, il se prolonge quelquefois pendant cinq jours. (Voir page 289.)

tocratiques ; liberté illimitée du commerce et de l'industrie et monopoles des corporations ; chaos de la justice et simplicité primitive des rouages administratifs. C'est le mélange de ces bonnes et de ces mauvaises choses qui constitue tout à la fois la force et la faiblesse de votre gouvernement ; c'est la tradition de tous ces abus, c'est leur consécration par le temps et par un constant usage qui les fait instinctivement respecter par le peuple, et, je vous l'ai dit en commençant ces *Lettres*, le jour où vous porteriez résolûment la main sur l'un d'eux, ce jour-là, le prestige qui protége votre édifice social disparaissant, tout pourrait disparaître avec lui.

Que l'on cesse donc de nous proposer l'Angleterre comme l'exemple de la perfection. Vous ne devez pas plus être *nous* que nous ne pouvons être *vous*. Restons avec nos instincts, nos goûts, nos habitudes, nos besoins ; la liberté telle que vous la comprenez nous importe moins que l'égalité ; et vous vous inquiétez médiocrement de l'égalité, pourvu que vous ayez la liberté. Gardons les uns et les autres ce qui nous convient : *suum cuique*.

LE SÉNAT.

Qu'est-ce que le Sénat? Quel est son rôle dans le gouvernement impérial? Ce rôle est-il à peu près insignifiant, ainsi que les adversaires passionnés de l'Empire le prétendent encore, même après le vote de l'adresse ; ou bien est-il aussi considérable que le déclare le préambule de la Constitution[1]?

Ce sont là de graves questions fort délicates à discuter, mais cependant faciles à résoudre.

Le Sénat est, dans l'ordre des préséances, le premier des grands corps de l'État ; il a pour président

1. « Il remplit dans l'État le rôle indépendant, salutaire, conservateur des anciens parlements. » (*Préambule de la Constitution.*)

l'une des gloires de la magistrature française[1]; ses membres sont presque tous d'anciens hauts fonctionnaires civils et militaires, ayant mérité, par de longs services rendus au pays dans des situations diverses, une honorable et lucrative retraite[2]. — La dignité de sénateur, qui est inamovible, n'est pas héréditaire.— Les éléments qui le composent sont les mêmes que ceux dont se composait la Chambre des pairs, mais les généraux s'y trouvent, relativement, en plus grand nombre. Ses attributions n'ont d'ailleurs d'analogie ni avec celles de cette ancienne Chambre, ni par conséquent avec celles de la Chambre des lords. La Chambre des pairs revisait les lois votées par la Chambre des députés, c'est-à-dire les discutait, les amendait, les adoptait, ou les repoussait; et l'on cite souvent encore à leur honneur l'exemple célèbre du rejet par les pairs de la Restauration du retour au

1. Le président de la Chambre des lords est le lord *high chancellor*, ou garde du grand sceau du roi, nommé à cet effet par commission royale. Il prend part au vote comme les autres lords *s'il est pair*. Le lord chancelier actuel ne l'est pas. Sa voix n'est pas prépondérante en cas de partage, mais dans ce cas la règle est que l'opinion négative prévaut. (V. p. 310.)

2. Les sénateurs ont une dotation annuelle de 30,000 fr.

droit d'aînesse qu'avaient voté les députés et que proposait le gouvernement. La Chambre des lords procède chez vous de la même façon, et jouit également du droit de *veto*, tandis que le Sénat ne peut s'opposer à la promulgation d'une loi qu'en la déclarant inconstitutionnelle[1].

S'il n'est pas, comme l'ancienne Chambre des pairs, une sorte de Cour d'appel revisant les lois votées par la Chambre des députés, il a des attributions beaucoup plus importantes et d'une utilité moins contestable.

Le Sénat, comme le Corps législatif, manifeste

---

1. Le Sénat n'ayant à statuer que sur la question de promulgation, son vote ne comporte la présentation d'aucun amendement. (D. I. du 3 février 1861, art. 10.) Le président du Sénat proclame en ces termes le résultat du scrutin : *Le Sénat s'oppose*, ou *Le Sénat ne s'oppose pas à la promulgation* (*id.*, art. 14).

D'après le sénatus-consulte organique de 1804, « les projets de loi décrétés par le Corps législatif étaient transmis, le jour même de leur adoption, au Sénat et déposés dans ses archives (art. 69); tout décret rendu par le Corps législatif pouvait être dénoncé au Sénat par un sénateur (art. 70); et le Sénat, dans les six jours qui suivaient l'adoption du projet de loi, délibérant sur le rapport d'une commission spéciale, et après avoir entendu *trois lectures du décret dans trois séances tenues à des jours différents*, pouvait exprimer l'opinion qu'il n'y avait pas lieu à promulguer la loi (art. 71). L'Empereur, *après avoir entendu le conseil d'État*, ou déclarait par un décret son adhésion à la délibération du Sénat, ou faisait promulguer la loi » (art. 72).

chaque année, par une adresse à l'Empereur, son opinion sur la marche des affaires[1] ; — et vous n'avez pas perdu le souvenir des discussions retentissantes qui ont inauguré ce nouveau droit. — Il est, dit la Constitution, « le gardien du pacte fondamental et des libertés publiques ; aucune loi ne peut être promulguée avant de lui avoir été soumise (art. 25).—Il s'oppose à la promulgation : 1° des lois qui seraient contraires ou qui porteraient atteinte à la Constitution, à la religion, à la morale, à la liberté des cultes, à la liberté individuelle, à l'égalité des citoyens, à l'inviolabilité de la propriété, au principe de l'inamovibilité de la magistrature ; 2° de celles qui pourraient compromettre la défense du territoire (art. 26).—Il règle, par un sénatus-consulte[2], la Constitution des colonies et de l'Algérie, tout ce qui n'a pas été prévu par la Constitution ou qui serait contraire à sa marche, le sens de ses articles qui donnent lieu à différentes interprétations (art. 27). — Il maintient ou annule tous les actes qui lui sont déférés comme inconstitutionnels par le gouverne-

1. Décret du 24 novembre 1861.

2. L'échange des biens composant la dotation de la couronne ne peut être autorisé que par un sénatus-consulte. (S.-C. du 12 décembre 1852, art. 8.)

ment, ou dénoncés pour la même cause par les pétitions des citoyens (art. 29). — Il peut, dans un rapport adressé à l'Empereur, poser les bases des projets de loi d'un grand intérêt national (art. 30). — Il peut également proposer des modifications à la Constitution (art. 31). — Le droit de pétition s'exerce auprès du Sénat (art. 45); — les ministres ne peuvent être mis en accusation que par lui (art. 13); — et, en cas de dissolution du Corps législatif, et jusqu'à une nouvelle convocation, c'est lui qui pourvoit, par des mesures d'urgence, à tout ce qui est nécessaire à la marche du gouvernement (art. 33). »

Ainsi, tous les grands principes d'ordre, de morale et de conservation sont placés sous la sauvegarde de l'autorité souveraine du Sénat. — Il ne contribue pas, il est vrai, à la confection des lois, mais il exprime, dans la même forme que le Corps législatif, son libre avis sur la politique générale du gouvernement, et il a le pouvoir de faire plus que de simples lois, car seul il fait les lois organiques dont les autres ne sont que la conséquence; seul il interprète la Constitution; il annule tous les actes qui lui sont dénoncés comme étant une violation de son texte ou de son esprit; il a en outre le droit permanent (jusqu'ici réservé à des assemblées temporaires, spécialement convoquées dans ce but), il a le droit de proposer au chef de l'État des modifications à la Constitution elle-même ; enfin, par l'examen régulier des pétitions, il exerce sur l'administration tout entière un contrôle indirect qui trouverait au besoin sa sanction dans la mise en accusation des ministres.

Ce sont là assurément des attributions considérables ; et vous êtes trop loyal pour contester qu'elles ne donnent un jour au Sénat une action politique supérieure à celle de la Chambre des lords, qui, excepté au point de vue purement judiciaire, n'a pas d'autres droits que la Chambre des communes, avec laquelle elle se borne à partager le pouvoir législatif et sans laquelle elle ne peut rien[1] ; supérieure à l'autorité de cette Chambre haute qui tire tout son prestige de l'hérédité, et dont vos radicaux réclamaient déjà la suppression il y a vingt-cinq ans, « comme étant un rouage inutile, lorsqu'il n'est pas nuisible[2]. »

---

1. Les communes prirent, le 6 février 1649, une résolution portant que la Chambre des pairs « était inutile et dangereuse, et devait être abolie. »

2. Voir notamment deux brochures publiées en 1835 par M. Roe-

Je ne prétends pas cependant qu'avant le décret du 24 novembre le fait ait toujours été d'accord avec le droit.

L'initiative, qui est absolument refusée au Corps législatif, est le principal attribut du Sénat. Or, s'il faut en croire ce que nous avons vu pendant neuf ans, l'Empereur a sagement agi en donnant à des hommes dont une longue pratique des affaires lui garantissait la prudente réserve, ce qu'il refusait à un corps que son origine rendait plus accessible aux entraînements irréfléchis de l'opinion. Le Sénat n'a pas encore abusé — d'autres ont dit qu'il n'avait pas assez usé — de ses priviléges. Je ne lui ferai certes pas un reproche de n'avoir proposé aucune de ces modifications radicales à la Constitution que réclame l'esprit de parti dans le but peu dissimulé de s'en servir pour la renverser; mais, à l'exception d'un rapport concernant les enfants trouvés, auquel il n'a point été donné suite[1],

buck, et ayant pour titres : *The evil of the House of lords*, et *Of what use is the House of lords.*

1. L'initiative de la proposition concernant les enfants trouvés appartenait à M. le président Troplong et à M. le comte Portalis. Le rapport à l'Empereur sur cette proposition a été fait par M. le comte Siméon. (Séance du 2 juillet 1856.)

et du code rural dont le premier livre a été seul
achevé[1], aucun des projets de loi d'un grand intérêt
national, qui sont pour le Sénat un monopole, n'a
été élaboré par lui. Il est vrai qu'à l'occasion du
code rural, une question de principe, qui date de près
de trois ans et que le gouvernement vient plutôt d'é-
luder qu'il ne l'a tranchée, avait été soulevée par le
conseil d'État[2]. C'était celle de savoir si le droit de
poser les bases d'une loi impliquait, comme le pen-
sait le Sénat, celui d'entrer dans tous les détails de
cette loi, ou bien seulement d'en rédiger le canevas,
comme le soutenait avec raison le conseil d'État. La
solution aurait pu se faire longtemps attendre, puisque d'une part le Sénat, qui seul interprète l'esprit
de la Constitution[3], était ici le juge de sa propre cause,
et que d'autre part la Constitution elle-même ne rend
les sénatus-consultes exécutoires que lorsqu'ils ont
obtenu la sanction du gouvernement. — Il est, selon
moi, évident qu'en accordant au Sénat le droit de

1. Rapporteur, M. le comte de Casabianca.
2. Le conseil d'État a été directement chargé par le gouvernement de préparer un projet complet de code rural.
3 Constitution, art. 27.

poser les bases de certains projets de loi, la Constitution est suffisamment explicite et n'a pas pu vouloir substituer le Sénat au conseil d'État, qui, pour me servir des termes mêmes qu'elle emploie, « est chargé de les rédiger[1]. »

Peut-être le gouvernement était-il moins fondé à s'opposer aux désirs légitimes du Sénat dans d'autres circonstances, notamment lorsqu'il s'est agi de déférer à une commission spéciale l'examen des vœux des conseils généraux, afin de ne plus confondre les réclamations formulées par les représentants naturels et légaux des populations avec les pétitions des simples particuliers[2]. L'étude approfondie des besoins réels du pays, qui constitue la mission essentielle du Sénat, fût ainsi devenue chaque année obligatoire, et n'eût pas été laissée à l'initiative individuelle, sur laquelle il est sage de ne pas trop compter.

Quoi qu'il en soit, le droit d'initiative existe pour le Sénat, et cela suffit. La crainte d'embarrasser la marche du gouvernement a pu l'empêcher de s'en

---

1. C., art. 50.
2. Proposition de M. Ferdinand Barrot, du 11 janvier 1856.

servir aussi fréquemment que l'auraient voulu des
esprits aventureux ou de secrets ennemis; mais il
ne le laissera pas périmer. Contrairement à ce qui se
passe en Angleterre, nous serions plutôt disposés à
exagérer la portée de nos garanties constitutionnelles
qu'à nous renfermer dans leur application littérale.
Le Sénat n'a-t-il pas déjà offert quelques exemples
de cette vérité lorsqu'au lieu de se borner à examiner si les lois votées par le Corps législatif étaient ou
non contraires au texte ou à l'esprit de la Constitution, il s'est laissé entraîner à des discussions sans
résultat possible, sur le fond même de ces lois?

Les diverses attributions du Sénat se trouvent en
quelque sorte résumées dans le droit d'initiative, qui
lui permet d'ouvrir la porte à tous les sages progrès,
et dans celui de recevoir des pétitions, qui en est le
stimulant.

Le droit de se plaindre, de signaler les abus du
pouvoir ou de réclamer, au nom de l'intérêt public,
d'équitables améliorations, est incontestablement l'un
des plus précieux que puissent revendiquer les citoyens, surtout dans un pays où la presse se trouve

souvent contrôlée par l'autorité même contre laquelle ils ont des griefs. L'examen des pétitions, qui, sous le régime parlementaire et comme cela existe encore chez vous, appartenait aux deux Chambres, est aujourd'hui entièrement confié au Sénat[1]. Le conseil d'État ne s'en occupe qu'indirectement, à l'occasion d'intérêts privés et par délégation de l'Empereur[2]. Ce n'est pour lui qu'un accessoire à des attributions spéciales, qui ne lui laissent pas le loisir d'y consacrer

1. En Angleterre, les pétitions peuvent être indistinctement adressées à la Chambre des lords, à la Chambre des communes ou à la Reine. Mais aucune pétition ne peut être présentée à la barre de l'une des deux Chambres par plus de dix personnes ni signée par plus de vingt, à moins qu'elle ne soit approuvée par trois juges de paix (*justices of the peace*), qui ont une bien autre importance que les fonctionnaires connus en France sous le même nom ; par la majorité du grand jury, ou enfin, à Londres, par le lord maire et le conseil municipal. Les pétitions, en Angleterre, ne sont pas renvoyées aux ministres; la Chambre se les approprie, si elle le juge convenable, et en vertu de son droit d'initiative.

2. Toutes les pétitions ou réclamations d'intérêt privé adressées à l'Empereur sont transmises par ses ordres à une commission spéciale du conseil d'État, qui, après un examen sommaire, les renvoie presque toujours aux ministres compétents. Le président de cette commission travaille avec l'Empereur, mais n'appelle son attention que sur celles qui offrent un intérêt exceptionnel. — On ne peut saisir *directement* le conseil d'État d'aucune pétition. (V. p. 123, n. 1.)

des soins minutieux. Les motifs qui ont fait refuser au Corps législatif toute initiative lui ont également fait interdire de recevoir des pétitions. — Le Sénat étudie avec la plus scrupuleuse attention toutes celles qui lui sont adressées. Il ne se passe guère de séance générale sans que plusieurs des membres des commissions, nommées chaque mois dans les bureaux pour procéder à leur examen [1], n'aient à lire un rapport, abrégé s'il s'agit de réclamations de peu d'importance, détaillé et souvent très-remarquable lorsque la question en litige mérite quelque attention ou touche à de grands intérêts [2]. Les discussions soulevées par les pétitions relatives au maintien du pouvoir temporel du pape, par la question polonaise, et par les réclamations qui avaient pour objet le mode d'exécution de notre nouveau traité de commerce, sont la preuve la plus évidente de l'utilité du rôle que la Constitution réserve à un corps composé d'hommes politiques aussi considérables, d'administrateurs aussi

---

1. Décret du 3 février 1861, article 30.

2. Les commissions des pétitions doivent faire des rapports au moins une fois par semaine. (Règlement intérieur du Sénat, art. 40.)

expérimentés, de jurisconsultes aussi éminents que ceux de l'ancienne Chambre des pairs.

Mais si le droit de pétition offre d'incontestables avantages, s'il est une utile garantie et presque une nécessité dans un gouvernement où la plus large part est·faite au pouvoir exécutif, il ne faudrait pas que l'usage de ce droit pût dégénérer en abus et devînt une arme entre les mains des partis. Antérieurement au décret du 24 novembre, la publication intégrale des débats du Sénat étant interdite, et ne consistant, — sauf de rares exceptions — que dans un compte rendu sommaire[1], les auteurs des pétitions

1. L'article 42 de la Constitution qui, avant le sénatus-consulte du 2 février 1861, ne permettait d'autre compte rendu « des séances du Corps législatif » que le procès-verbal officiel de ces séances, ne s'occupait nullement du Sénat; et l'article 24 portait simplement : « Les séances du Sénat ne sont pas publiques, » ce qui impliquait d'autant moins la défense d'en rendre compte que, malgré la publicité donnée à leurs discussions depuis le décret du 24 novembre, les sénateurs continuent de délibérer à huis clos. — L'interdiction ne résultait donc point de la Constitution, mais de l'article 16 du décret concernant la presse du 17 février 1852, qui est ainsi conçu : « Il est interdit de rendre compte des séances du Sénat autrement que par la reproduction des articles insérés au journal officiel. » Cet article, implicitement supprimé par le sénatus-consulte du 2 février, laissait le gouvernement juge de l'opportunité de la reproduction — complète ou partielle — des

ne pouvaient pas avoir d'autre but que de trouver, dans les rapports des commissions, un appui efficace contre l'arbitraire, et ne spéculaient ni sur le retentissement de discussions circonscrites par le défaut de publicité, ni sur la pression, quelquefois dangereuse, d'un faux courant de l'opinion. Les inconvénients qui résulteraient aujourd'hui de l'envoi trop fréquent de pétitions dont le dessein — plus ou moins avoué — serait de surexciter l'esprit public, ou qui, n'étant pas suffisamment justifiées, tendraient à affaiblir l'auto-

débats du Sénat. — L'article 14 du décret du 17 février 1852 est la sanction pénale de l'article 42 de la Constitution; il ne se borne pas à se référer à cet article, il l'analyse en déclarant que « toute contravention à l'article 42 sur la publication des comptes rendus officiels des *séances du Corps législatif* sera punie d'une amende de mille à cinq mille francs. » Il ne concerne évidemment, comme l'article 42 de la Constitution lui-même, que le Corps législatif, et ne peut s'appliquer aux contraventions résultant de la reproduction des séances du Sénat. — Aussi M. de Royer, premier vice-président du Sénat, avait-il demandé avec beaucoup de raison, à propos de la discussion du sénatus-consulte du 2 février 1861, que l'on ajoutât au projet de la commission : « Toute contravention à l'article 42 de la Constitution, *modifié par le présent sénatus-consulte*, sera punie de la peine portée par l'article 14 du décret du 17 février 1852.» — Mais, ce qui me paraît contraire à tous les principes, les commissaires du gouvernement, d'accord avec la majorité de la commission, ont pensé que, par cela seul que l'article 42 de la Constitution se trouvait modifié par le sénatus-consulte, l'article 14 du décret de 1852, malgré les restrictions du texte qui est spécial aux rité morale du premier des grands corps de l'État, en le forçant à s'occuper de questions ¬indignes de sa haute mission, ne pourraient être atténués que par l'usage répété de l'article de la Constitution qui l'autorise, sur la demande de cinq de ses membres, à se former en comité secret.

Le Sénat sera logiquement amené à suivre un jour l'exemple de la plupart des assemblées qui, depuis soixante ans, ont eu à s'occuper du droit de pétition, et qui, éclairées par l'expérience, tout en le consacrant en ont réglementé l'exercice[1].

comptes rendus du Corps législatif, s'étendrait naturellement aux dispositions du nouvel article 42. — Quant à la question de savoir si le Sénat est compétent pour introduire, à la suite d'un sénatus-consulte, une sanction pénale, elle avait été tranchée dans le sens affirmatif et sur le rapport de M. Delangle, lors de la discussion du sénatus-consulte du 17 février 1858, qui oblige : « les candidats au mandat de député à déposer à la préfecture, huit jours au moins avant l'ouverture du scrutin, un écrit contenant le serment formulé dans l'article 16 du sénatus-consulte du 25 décembre 1852; » et qui déclare que : « Toute publication, distribution, ou tout affichage antérieur, seront punis des peines établies par l'article 6 de la loi du 27 juillet 1849. »

1. Une première tentative de réglementation a, tout récemment, été faite par le gouvernement. V. p. 213, n. 1. — La loi du 14 décembre 1789 avait permis aux citoyens *actifs* de se réunir en *assemblées particulières* pour rédiger des adresses et pétitions, soit aux administrations municipales et départementales, soit au Corps légis-

Le rapport sur les pétitions, quelles qu'elles soient,
à moins qu'il ne s'agisse de la dénonciation d'un acte
du gouvernement comme étant inconstitutionnel[1]

latif, soit au roi. La constitution de 1791 se hâta d'apporter à cette
faculté une première restriction en supprimant les pétitions collec-
tives et en exigeant des signatures *individuelles*. En 1793, la Convention, cédant aux influences qui dominaient alors, décréta que le
droit de présenter des pétitions aux dépositaires de l'autorité publique
ne pouvait, en aucun cas, *être interdit*; *suspendu ni limité*. Elle paya
bien cher cette témérité, et plus d'une fois elle s'est vue envahie,
opprimée, ensanglantée par de véritables émeutes de pétitionnaires
dont l'histoire a gardé le souvenir aussi instructif que douloureux.
L'expérience de la Convention lui profita d'abord à elle-même et
bientôt aux assemblées qui lui succédèrent. Dès l'an III, les pétitions durent reprendre le caractère de manifestations pacifiques,
individuelles et *respectueuses*. Les processions de pétitionnaires
dans le sanctuaire même des lois furent interdites. La *barre* fut
renversée pour ne jamais être relevée. La Constitution de l'an VIII,
la charte de 1814, celle de 1830, le règlement intérieur de la dernière Constituante, la Constitution républicaine de 1848, le règlement de l'Assemblée législative actuelle s'accordent unanimement
pour appeler le respect de tous sur le pouvoir chargé de faire les
lois et pour le préserver du contact des pétitionnaires. (*Extrait du
rapport fait par M. Quentin-Bauchart à l'Assemblée législative*,
le 5 mai 1851.)

Les hommes considérables de l'opinion radicale ne se sont pas
toujours montrés les partisans du droit de pétition; le discours que
M. Jules Favre a prononcé à ce sujet en 1849 en est la preuve. —
Voir le *Moniteur*, p. 308.

1. Un acte illégal n'est pas nécessairement un acte inconstitutionnel. — Un acte qui n'est qu'une violation de la loi doit être
déféré au conseil d'État.

(dans ce cas, la question préalable peut être proposée
à l'assemblée générale par la commission des pétitions[1]) est obligatoire[2]; mais la prise en considération
d'un projet de Sénatus-Consulte ou celle d'un rapport

1. L'article 22 du décret du 3 février 1861 déclarait que la pétition dénonçant un acte du gouvernement comme inconstitutionnel
devait toujours être lue en séance générale et que la question préalable ne pouvait être proposée qu'après cette lecture. Les inconvénients résultant pour les pétitions de la publicité des séances du
Sénat — inconvénients que j'ai signalés — sont si évidents qu'on
vient de chercher à les atténuer un peu en modifiant les articles 22
et 30 de ce décret réglementaire. Un décret du 30 avril 1864
décide qu'à l'avenir la lecture publique et préalable des pétitions
dénonçant l inconstitutionnalité ne sera plus obligatoire, et que ces
pétitions seront, comme toutes les autres, renvoyées à la commission des pétitions. « Si, dit le nouvel article 22, l'inconstitutionnalité est dénoncée par une pétition, cette pétition est envoyée à
la commission des pétitions qui propose, *dans un rapport sommaire*, la question préalable ou le renvoi dans les bureaux. Si la
question préalable est admise, le président prononce qu'il n'y a
lieu à plus ample informé; si la question préalable n'est pas admise,
le président du Sénat en avise le ministre d'État et la pétition est
renvoyée dans les bureaux qui nomment une commission spéciale
sur le rapport de laquelle il est procédé au vote définitif. » Un
décret du 7 novembre 1863 a aussi décidé qu'un certain nombre
de conseillers d'État seraient spécialement chargés de discuter devant le Sénat les questions relatives aux pétitions.

2. C., art. 29. L'article 30 du décret du 3 février 1861 n'admet-
tait pas de question préalable pour les pétitions ordinaires. Le
décret du 30 avril 1864 a ajouté le paragraphe suivant à cet article :
« La question préalable peut être proposée soit par la commission,
soit par un membre du Sénat. »

posant les bases d'un projet de loi d'intérêt national,
doit être d'abord autorisée par trois des cinq bureaux
qui composent le Sénat. La même formalité est exigée pour les propositions de modifications à la Constitution, qui doivent en outre être revêtues de dix
signatures[1]. — Il est facile de comprendre les raisons
qui ne permettent l'introduction de pareilles propositions que lorsqu'elles sont l'expression des idées d'un
certain nombre de sénateurs. La prise en considération de celles qui sont faites au nom du gouvernement est nécessairement de plein droit.

Toute modification aux bases fondamentales de la
Constitution devient l'objet d'un plébiscite, lorsqu'elle
a été adoptée par l'Empereur.

Le Sénat, jouissant du droit d'initiative, possède,
a fortiori, celui de proposer des amendements. S'ils
se produisent pendant le cours de la discussion en

---

1. D. I. du 3 février 1861, art. 17 et 29. — Tout sénateur peut
proposer de présenter à l'Empereur un rapport posant les bases
d'un projet de loi d'un grand intérêt national. (*Id.*, art. 24.)

Un rapport officiel du baron de Lacrosse constate que, pendant
le cours de la session de 1864, 949 pétitions ont été adressées au
Sénat. —747 ont été rapportées, sur lesquelles 131 ont été envoyées
aux ministres compétents comme dignes d'intérêt.

assemblée générale, ils doivent être appuyés par cinq
membres ; s'ils précèdent la discussion, chaque sénateur a la faculté de les développer devant la commission compétente.

Le ministre d'État étant l'intermédiaire officiel des
relations des grands corps politiques avec le gouvernement, c'est à lui que le président du Sénat com-
munique les amendements, les prises en considération d'une proposition, le feuilleton des pétitions, les
rapports des commissions et le résultat des délibérations de l'assemblée générale. — Vous avez pu remarquer que les relations du Corps législatif avec le
conseil d'État étant plus fréquentes, sont plus directes ; son président correspond sans intermédiaire
avec le président du conseil d'État[1]. — Le gouvernement est d'ailleurs représenté par les ministres
sans portefeuille et par des conseillers d'État, dans
toutes les délibérations du Sénat comme dans toutes
celles du Corps législatif[2].

---

1. Décret impérial du 3 février 1861, article 60.
2. D. I. du 3 février 1861, articles 32 et 47. — Les ministres sans
portefeuille et les conseillers d'État ne sont point assujettis au tour
de parole. (*Id.*, art. 33 et 75.)

Tout ceci est simple, précis, logique, et ne ressemble guère à la confusion de vos procédés législatifs, dont lord Palmerston se plaignait récemment et avec tant de raison.

La Chambre des lords a des priviléges et des anomalies qui rappellent les temps de la féodalité, dont en France on ne peut se faire une juste idée, et que je suis loin de vous avoir tous signalés à propos des élections[1]. Ainsi un lord peut voter par *proxies*, c'est-à-dire qu'il a la faculté de désigner un autre lord pour voter en son absence ; mais, en droit, un sénateur ne peut, pas plus qu'un député, déléguer son vote[2].

1. Voir pages 189, n. 2, 191, n. 1, et 310.

2. Le vote par *proxy* ne pouvait autrefois avoir lieu qu'avec la permission du roi, *by licence obtained from the crown*. Sous Charles Ier, le droit de voter ainsi fut reconnu comme étant indépendant de la couronne et limité seulement par les règlements de la Chambre. On cite des exemples de membres de la Chambre des lords qui, dans certaines occasions, eurent jusqu'à treize *proxies*. Le règlement n'autorise plus maintenant un lord qu'à tenir deux *proxies*, ce qui est encore un bien singulier abus, et les lords spirituels ne peuvent avoir pour *proxies* que des lords spirituels, les lords temporels que des lords temporels. — Le vote par *proxies* et la présence des femmes dans certaines occasions rappellent l'ancien *Witenagemote*, d'où la Chambre des lords tire son origine, et qui paraît avoir eu ces usages.

Et tandis que la présence de vingt membres aux séances du matin, et celle de quarante à celles du soir, suffit pour que le Parlement anglais puisse délibérer, aucun vote n'est validé, en France, si la majorité des députés ou plus du tiers des membres du Sénat n'y ont pas pris part[1].

En cas de *treason* et de *felony*, le pair ou la pairesse sont jugés par la Chambre des lords, après avoir été mis en accusation par un grand jury formé dans la Chambre même. Autrefois, il était également de principe que les pairs de France ne pouvaient être jugés que par leurs pairs; mais les sénateurs, comme tous les hauts dignitaires de l'Empire, sont traduits, même pour de simples délits, devant une cour spéciale[2].

---

1. D. I. du 3 février 1861, art. 12 et 67. — Les séances du matin du Parlement anglais sont généralement consacrées aux affaires d'intérêt privé, et celles du soir aux affaires d'intérêt public. (V. p. 303.)

2. « La haute cour de justice créée par l'article 54 de la Constitution, se compose : 1° d'une chambre des mises en accusation et d'une chambre de jugement formée de juges pris parmi les membres de la Cour de cassation; 2° d'un haut jury pris parmi les membres des conseils généraux des départements. » (S.-C. du 10 juillet 1852.) — La haute cour de justice connaît des crimes et des délits commis par des princes de la famille impériale et de la famille de l'Empereur, par des ministres, par des grands officiers

Les sénatus-consultes restent à l'état de lettre morte si l'Empereur ne les promulgue pas. Il n'en résulte pas que l'initiative du Sénat devienne presque sans objet. Le droit de *veto* n'est point une innovation de la Constitution impériale. Il a été accordé au pouvoir exécutif dans tous les pays et sous tous les régimes. Je n'ai pas besoin de vous rappeler qu'en Angleterre la Reine peut, par sa seule volonté, empêcher la promulgation des lois qu'auraient adoptées les lords et les communes, de même que sous la Res-

de la couronne, par des grand-croix de la Légion d'honneur, par des ambassadeurs, par des sénateurs, par des conseillers d'État. (S.-C. du 4 juin 1858, art. 1er.) — Si la poursuite a pour objet un délit, la chambre de jugement statue sans l'assistance du jury. Le premier président de la Cour de cassation et les trois présidents de chambre de cette cour, ou à leur défaut les conseillers qui remplissent leurs fonctions, lui sont adjoints. Elle est présidée par le premier président. (*Id.*, art. 2.) — « Si des ministres sont mis en accusation par le Sénat, en vertu de l'article 13 de la Constitution, la chambre de jugement de la haute cour est convoquée par un décret impérial qui fixe le lieu des séances et le jour de l'ouverture des débats.» (*Id.*, art. 3.) Aucun membre du Sénat ne peut être poursuivi ni arrêté pour crime ou délit, ou pour contravention entraînant la peine de l'emprisonnement, qu'après que le Sénat a autorisé la poursuite. » (*Id.*, art. 6.)

La Chambre des communes fait l'office de jury d'accusation pour tous les crimes de haute trahison et en cas de poursuite contre les ministres. Mais c'est la Chambre des lords qui les juge.

tauration et pendant le règne de Louis-Philippe, le *veto* du Roi rendait nul le double vote de la Chambre des députés et de la Chambre des pairs. Admettre un principe contraire, ce serait décréter l'anarchie, transformer le pouvoir législatif en convention et le pouvoir exécutif en comité de salut public. Cependant si, en droit, le chef de l'État a toujours eu la faculté de s'opposer à la promulgation des lois, en fait, l'usage de cette faculté n'a jamais gêné le libre arbitre des assemblées. — Avant que le décret du 24 novembre eût accordé au Sénat la publicité de ses discussions [1], on pouvait craindre, jusqu'à un certain point, que l'Empereur, malgré sa ferme volonté de voir fonctionner sérieusement la Constitution et de laisser le premier de nos corps politiques « prendre le rôle indépendant, salutaire, conservateur des anciens parlements, » ne refusât quelquefois sa sanction à de bonnes mesures; car il est bien difficile qu'il puisse incessamment veiller à la stricte exécution de toutes ses pensées, et les ministres qui ont auprès de

---

1. Par suite d'une étrange contradiction, la publicité des débats du Sénat n'a pas eu pour conséquence la publicité de ses séances.

lui l'autorité résultant de la pratique détaillée des affaires, découvrent parfois de véritables dangers là où il semblait n'en exister aucun. — Mais aujourd'hui la reproduction obligée des débats législatifs ne permettra pas plus au gouvernement impérial qu'au gouvernement britannique de résister aux manifestations qui se produiront dans le sein des deux Chambres, lorsqu'elles seront l'expression du sentiment public.

Le nombre de ses membres, limité par la Constitution, donne même au Sénat une autorité et une indépendance que n'ont jamais eues ni la Chambre des pairs ni la Chambre des lords [1].

1. Le Sénat compte 150 membres, non compris les hauts dignitaires qui en font partie de droit.—Il se compose : « 1° des cardinaux, des maréchaux; 2° des citoyens que l'Empereur juge convenable d'élever à la dignité de sénateur (C., art. 20), » sans qu'ils soient obligés de se trouver, comme les anciens pairs, dans certaines catégories.

En Angleterre, le nombre des pairs temporels n'est pas limité. Les pairies sont héréditaires par les mâles, quelquefois même par les femmes, selon les termes des lettres patentes qui les instituent. — On peut aussi créer des pairs temporels à vie, mais on n'a guère usé de ce droit qu'en faveur des fils aînés de pairs, dont quelques-uns ont été ainsi appelés à siéger du vivant de leurs pères. Tel a été notamment le cas de lord Stanley, appelé en 1832 à siéger dans la Chambre des lords. (V. p. 307.)

L'Empereur est libre de dissoudre le Corps législatif et de mettre ainsi le pays en demeure de se prononcer sur les mesures qui n'auraient pas obtenu
l'assentiment de ses mandataires. C'est un moyen de
trancher les difficultés auquel il convient de n'avoir
recours que dans de rares circonstances, mais enfin
c'est un moyen qui a presque toujours réussi dans
d'autres temps. Lorsqu'au contraire il s'agit du Sénat,
la Constitution de 1852 est beaucoup moins favorable
au souverain que celles qui l'ont précédée. Personne
n'a oublié les créations de pairs de la Restauration ;
l'ordonnance du 5 mars 1819 appelait à la pairie héréditaire soixante et un partisans du ministère de
M. Decazes, celle du 5 novembre 1827 soixante-seize
amis politiques de M. de Villèle, et l'histoire d'Angleterre offre d'aussi nombreux et de plus anciens
exemples que la nôtre de *fournées* ayant pour but de
changer les majorités [1]. La reine Victoria seule a créé

1. Sous la reine Anne, Harley institua douze pairs pour faire
accepter le traité d'Utrecht et se maintenir au pouvoir, Pitt en
nomma huit en 1790 et dix en 1794 pour lutter contre l'opposition
des whigs; en 1832 lord Grey et lord Brougham ne firent passer
le bill de réforme qu'en menaçant la Chambre des lords d'user du
même procédé. (V. p. 186, n. 2.)

plus de cinquantes pairs ; et nul n'a songé à reproduire la proposition de Sunderland, qui, sous
Georges Ier, proposa un bill tendant à restreindre la
prérogative royale en fixant le maximum des membres de la Chambre de lords [1].

L'imposibilité d'augmenter le nombre des sénateurs sans leur assentiment, puisque toute modification à la Constitution doit être préalablement consentie
par eux, deviendrait, en cas de conflit, un grand embarras.

Le gouvernement impérial, que l'on taxe d'absolu-
tisme, que l'on accuse de n'être que l'expression de
la volonté d'un seul, que l'on a tant de fois représenté

---

1. Ce bill passa à la Chambre des lords, mais fut repoussé par
les communes. — L'unique restriction est relative à l'Irlande. Le
paragraphe IV de l'acte d'union ne reconnaît au roi d'Angleterre
le droit de créer des pairs pour l'Irlande qu'à la condition que le
nombre de ces pairs n'excédera pas celui qui existait le 1er janvier 1801. — Les princes du sang ne sont pas de droit membres de
la Chambre des lords. Le prince de Galles a été créé pair en 1849.
—Les princes français appelés éventuellement à l'hérédité et leurs
descendants, sont membres du Sénat et du Conseil d'État quand
ils ont atteint l'âge de dix-huit ans accomplis ; mais ils ne peuvent y siéger qu'avec l'agrément de l'Empereur. (S.-C. du 25 décembre 1852, art. 7.)

dans vos journaux comme se trouvant à l'abri de tout contrôle, et qui, avant la discussion de l'adresse, passait peut-être à vos yeux pour n'avoir dans le Corps législatif qu'une réunion de députés sans mandat et sans indépendance, dans le Sénat qu'une assemblée sans attributions et prête à tout accepter bouche close; ce gouvernement sur lequel le décret du 24 novembre a permis que se fît enfin la lumière, non-seulement a donné à la représentation nationale la garantie — assez large pour être incorruptible — du suffrage universel, mais afin d'avoir constamment un vigilant « gardien des libertés publiques et des bases fondamentales de l'Empire, » il s'est imposé des règles que n'ont jamais acceptées les gouvernements en apparence les plus libéraux ; il s'est volontairement placé dans une impasse constitutionnelle qui lui impose le devoir de toujours marcher d'accord avec un Sénat inamovible, sans le concours duquel il lui est interdit de modifier les conditions légales de son existence.

Le souvenir qu'on a gardé de la Constitution de l'an VIII, amendée par le sénatus-consulte organique du 18 mai 1804 [1], contribue beaucoup à diminuer le prestige du Sénat et du Corps législatif. —

1. D'après la Constitution de l'an VIII, il y avait trois degrés d'élection, déterminés par la liste de confiance, la liste départementale et la liste nationale. La première devait contenir environ cinq cent mille noms, et était composée d'un nombre égal au dixième de celui des habitants de l'arrondissement communal; la seconde était formée par les citoyens portés sur la liste communale, chargés d'élire un dixième d'entre eux; et la liste nationale était composée des membres inscrits sur la liste du département, toujours dans la proportion d'un dixième. Et c'était sur ces listes que devaient être choisis les fonctionnaires communaux et départementaux, et les membres du Tribunat et du Corps législatif. Les membres du Tribunat et ceux du Corps législatif étaient nommés par le Sénat, qui, d'abord composé de soixante membres, devait s'élever en dix années à quatre-vingts, deux par an. Les nouveaux sénateurs devaient être choisis par le Sénat lui-même sur une liste de trois candidats, le premier présenté par le Corps législatif, le second par le Tribunat, le troisième par le premier Consul. Il ne choisissait qu'entre deux candidats si l'un des deux était proposé par deux des trois autorités présentantes; il était tenu d'admettre celui qui était à la fois proposé par les trois autorités. — Le sénatus-consulte organique de 1804 décida que le Sénat se composerait : 1° des princes français ayant atteint leur dix-huitième année; 2° des titulaires des grandes dignités de l'Empire; 3° des quatre-vingts membres nommés sur la présentation de candidats et choisis par l'Empereur sur les listes formées par les colléges électoraux de département; 4° des citoyens que l'Empereur jugerait convenable d'élever à la dignité de sénateur. (Art. 57. — C. de l'an VIII, tit. Ier, art. 6, 7, 8, 9, 15, 16 et 20.)

Le Sénat n'ayant, sous le premier Empire, qu'une
autorité nominale, on a cru que son action ne serait
pas moins restreinte de nos jours. Ceux qui, de
bonne foi, ont émis cette opinion, n'ont pas assez
tenu compte de la différence des temps et des progrès
qu'ont faits, pendant quarante années, les idées
libérales. Le régime qu'avait créé le premier Consul
était, on ne saurait trop le répéter, l'expression des
besoins d'une époque de transition. Il fallait, en s'ap-
puyant sur les principes inaugurés en 1789, empêcher, par une énergique concentration de tous les
pouvoirs entre les mains du chef de l'État, le développement excessif de ces principes, dénaturés en
1793. De là, le rôle effacé des corps politiques. Depuis lors, l'usage de la liberté et l'habitude d'une
juste pondération entre les pouvoirs sont devenus une
nécessité impérieuse. Aussi le gouvernement qu'a
établi Napoléon III n'est-il pas la négation, mais la
consécration des idées de 1789 ; il doit aider à leur
expansion, car il lui serait impossible de les com-
primer.

CONCLUSION.

On a souvent affirmé que la Constitution de 1852, attribuant à l'Empereur une omnipotence presque absolue à certains égards, avait le défaut de ne pouvoir être appliquée que par son auteur, c'est-à-dire par un esprit aussi sage que sincèrement libéral. L'exposé succinct, mais exact, que je vous ai fait de notre mécanisme gouvernemental a dû vous convaincre que cette omnipotence est moins complète qu'on ne se plaît à le croire; que les grands corps politiques ne se bornent pas à enregistrer les décisions émanées du souverain, qu'ils sont un utile contrepoids à son autorité, et que des précautions — aussi réelles et plus logiques qu'en Angleterre — étant prises afin d'assurer le libre contrôle de tous ses actes, le souverain, quel qu'il fût, ne pourrait, dans aucune circonstance, agir contrairement aux besoins et aux vœux du pays. — Le Conseil d'État, en amendant ou en combattant les projets de loi ou de décret qui doivent lui être préalablement soumis; le Corps législatif, en refusant de voter les lois évidemment contraires à l'intérêt public, le budget des différents ministères ou les subsides que réclamerait le gouvernement pour une guerre qui ne paraîtrait pas suffisamment justifiée; les électeurs, éclairés par la reproduction intégrale de nos débats, en confirmant, — si la chambre était dissoute, — le mandat de leurs représentants; enfin le Sénat, en repoussant les projets de sénatus-consulte qui auraient pour but de modifier la Constitution, et en mettant au besoin les ministres en accusation, empêcheraient, légalement et irrésistiblement, l'Empereur de persister dans les voies dangereuses d'où les adresses du Sénat et du Corps législatif auraient été impuissantes à le détourner.

Sans doute diverses améliorations que l'expérience a déjà indiquées et d'autres qu'indiquera l'usage des nouveaux droits dont nous venons de faire un premier essai, devront être apportées encore au gouvernement impérial; et il ne faudrait pas le considérer comme le dernier type de la perfection. Mais quel frein plus sérieux le régime parlementaire impose-rait-il donc au chef de l'État? Où trouvez-vous à la fois de plus efficaces garanties de stabilité et d'une équitable liberté? Qui pourra mieux réaliser que nous ne le ferons bientôt, avec de tels éléments, cette prévoyante maxime de Cicéron : « *Statuo esse optime constitutam rempublicam quæ ex tribus generi-bus illis, regali, optimo et populari* MODICE *confusa?* »

APPENDICE.

APPENDICE

I

LE SOUVERAIN.

La Reine d'Angleterre a, *nominalement* et comme chef
du pouvoir exécutif, la plupart des prérogatives attribuées
en France à l'Empereur. Sa personne est sacrée ; elle a le
droit de grâce [1] ; la justice se rend en son nom ; elle déclare
la guerre et signe les traités de paix, d'alliance ou de commerce ; elle est le chef de l'armée de terre et de l'armée navale ; elle confère la pairie, nomme à tous les emplois civils

1. Le droit de grâce a deux restrictions en Angleterre : 1° lorsqu'il
s'agit de crimes poursuivis par la Chambre des communes devant la
Chambre des lords, car, dans ce cas, le droit de grâce pourrait rendre
fictive la responsabilité des ministres ; 2° en cas de violation de l'acte
d'*habeas corpus*, garantie de la liberté individuelle. Mais que de fois le
Parlement n'a-t-il pas suspendu cette garantie si fréquemment citée !

et militaires, décerne des titres, des décorations ou des distinctions honorifiques ; elle peut convoquer, proroger ou dissoudre le Parlement (mais la prorogation ne peut dépasser le délai de quarante jours) ; enfin la Reine a le droit de refuser sa sanction aux lois votées par les deux Chambres.

Le Souverain, en Angleterre, est aussi le chef de la religion[1] ; en cette qualité, il rassemble, proroge, défend ou dissout les assemblées ecclésiastiques (*convocations*), et nomme aux évêchés et à certaines autres dignités de l'Église anglicane.

Conformément aux traditions de toutes les monarchies héréditaires, le Souverain, en Angleterre, est supposé ne jamais mourir[2]. — Celui qui réunit toutes les conditions requises pour monter sur le trône est roi de droit, au moment même du décès de son prédécesseur. Cependant le

1. Le Pape avait donné à Henry VIII, avant sa rupture avec Rome, le nom de Défenseur de la foi, que les souverains d'Angleterre ont conservé.

2. En principe, et d'après la *common law*, le Roi n'est pas mineur en Angleterre. Il a toujours, en droit, une capacité entière pour remplir les fonctions royales, en fait, cependant, il peut avoir besoin d'un tuteur, d'un régent, et le Parlement l'a désigné dans plusieurs circonstances. La dernière loi de régence est l'acte 1er, W. IV, c. 2, pour le cas où la Reine actuelle n'aurait pas été majeure au décès de son oncle. La Reine Victoria avait atteint, depuis un mois à peine, sa majorité, c'est-à-dire sa dix-huitième année, lorsque Guillaume IV mourut. — Suivant une distinction faite par Pitt, l'héritier présomptif n'a pas à la régence *a strict right*, un droit positif, mais *a paramount claim*, une sorte de candidature privilégiée, à laquelle le Parlement doit ordinairement donner la préférence.

contrat en vertu duquel il tient la couronne est formulé dans la cérémonie même du couronnement, dont l'importance est considérable au point de vue religieux, et qui rappelle en même temps les principes essentiels de la Constitution anglaise. — Le Souverain prête, en grande pompe, dans l'église de Westminster, et entre les mains de l'Archevêque de Canterbury, le serment suivant:

L'Archevêque : « Vous jurez et promettez solennellement de gouverner le peuple de ce royaume d'Angleterre et les États qui en dépendent suivant les statuts agréés en Parlement, et les lois et coutumes desdits royaumes et États ? »

Le Roi (ou la Reine) : « Je le promets solennellement. »

L'Archevêque : « Promettez-vous de faire votre possible pour observer, dans tous vos jugements, la loi et la justice tempérées par la merci ? »

Le Roi : « Je le promets. »

L'Archevêque : « Promettez-vous de faire tout ce qui sera en vous pour maintenir les lois de Dieu, la vraie profession de l'Évangile et la religion protestante réformée établie par la loi, et de conserver aux Évêques, au Clergé de ce royaume et aux Églises confiées à leurs soins tous les droits et priviléges qui, d'après la loi, appartiennent ou appartiendront à tous et à chacun d'eux ? »

Le Roi : « Je le promets. »

Le Roi (ou la Reine) doit ensuite poser la main sur les Évangiles et dire : « Les choses que je viens de promettre, je les accomplirai. Que Dieu me soit en aide ! » Et il embrasse le livre saint.

Après le serment a lieu le couronnement. L'Archevêque prend la couronne déposée sur l'autel, la bénit et la pose sur la tête du Roi. Puis, comme premier Pair du royaume, il se met à genoux devant le Roi et prononce les paroles suivantes : « Moi, — Archevêque de Canterbury, — je jure d'être fidèle au Roi de la Grande-Bretagne et à ses héritiers, et de faire loyalement le service des terres que je tiens de Sa Majesté. »

Les autres Évêques et les Pairs laïques répètent ensuite ce serment, et le Roi doit les embrasser successivement sur la joue. Mais au couronnement de la Reine Victoria, cette dernière cérémonie a été supprimée ; les Évêques et les Pairs se sont bornés à s'incliner devant la Reine et à lui baiser la main.

La liste civile en France et en Angleterre.

La liste civile est, en France comme en Angleterre, fixée
pour toute la durée du règne. La dotation de l'Empereur
Napoléon est de 25 millions (plus 4 millions environ provenant des forêts de la Couronne et de revenus divers des domaines), et celle de la Reine Victoria de 9,625,000 fr.,
(385,000 liv. st.) seulement [1]. Mais si l'on tient compte :
1º des frais d'entretien des résidences impériales et des autres dépenses qui restent ici à la charge de la liste civile,
tandis qu'elles sont payées en Angleterre par le Trésor public ; 2º des sommes supplémentaires accordées, chaque
année, au Souverain, par le Parlement, sous divers prétextes ;
3º des revenus personnels de la Reine [2], des diverses dota-

____

1. St. 1. V. c. 2. — Autrefois la dotation de la Couronne n'était pas
fixe et se composait d'une foule de redevances, telles que les droits dits
d'Amirauté, de Gibraltar et des Iles-sous-le-Vent, des-*escheats* (ou droits
sur la succession des individus morts sans héritiers) ; d'une capitation
de dix dollars sur les catholiques et sur les juifs ; des revenus héréditaires d'Écosse ; des droits sur les évêchés vacants ; des profits sur les
épaves, etc.

La liste civile du Roi et de la famille royale, sous la Restauration,
s'élevait à *trente-trois millions.*

2. Les revenus des duchés de Cornouailles et de Lancastre, dont la
Reine est titulaire, sont considérés comme des revenus personnels.

tions du Prince époux, des enfants de la Reine et de tous les
princes et de toutes les princesses qui, à un titre quelconque, font partie de la famille royale, on verra qu'en définitive les revenus nets de la Reine d'Angleterre sont supérieurs
à ceux de l'Empereur des Français. « Personne n'ignore —
a dit il y a un an M. de Royer, premier vice-président du
Sénat — que la liste civile pourvoit aujourd'hui à l'entretien
des domaines de la Couronne, avec la grandeur et l'intelligente direction que le règne de l'Empereur a imprimées à tous
les travaux publics. Il résulte des documents placés sous les
yeux de votre commission que cette charge, qui figurait
encore en 1852 au budget de l'État pour 7,225,000 fr. par
an, se traduit, depuis sept ans, dans les comptes de la liste
civile, par un chiffre moyen de 9,997,000 fr., indépendamment des dépenses occasionnées par les immeubles du domaine privé (les châteaux de Biarritz et de Marseille, le domaine des Landes, les fermes de Champagne, etc.) [1]. »

Et il faut ajouter à ce chiffre officiel de 9,997,000 fr. :
le traitement des grands dignitaires, officiers de la Cou-

---

1. Extrait du rapport fait par M. de Royer au Sénat, le 15 juin 1860.
Cette dépense obligatoire de 9,997,000 fr. se divise ainsi :

Personnel des palais impériaux et frais de régie.	790,000 fr.
Bâtiments de la Couronne.	3,293,000
Eaux de Versailles et de Marly	496,000
Parcs, pépinières et jardins	530,000
Mobilier de la Couronne	1,339,000
Manufactures impériales	907,000
Bibliothèques impériales	84,000
Musées impériaux	908,000
Forêts	1,257,000
Domaines	393,000
Total	9,997,000 fr.

ronne, dames du palais, employés de la liste civile et du
ministère de la maison de l'Empereur (1,636 personnes sont
ainsi payées sur les fonds de la liste civile)[1]; l'entretien des
domaines privés, dont les revenus sont insignifiants[2]; le
supplément de solde des cent-gardes (la maison militaire
de la Reine d'Angleterre n'est point à sa charge); de nombreuses pensions particulières; les dons et secours; et la
somme destinée à compléter (à 600 fr.) la pension des soldats
grièvement blessés ou amputés (1,400,000 fr.).

Ce qui, même en tenant compte des évaluations les plus
modestes, augmente de huit millions les 9,997,000 fr. men-
tionnés par M. de Royer, et ce qui réduit à ONZE MILLIONS la
liste civile proprement dite de l'Empereur. Sur ces onze millions doivent encore être payés : les services de la bouche,
des écuries, de la vénerie, le service intérieur de l'Empereur et de l'Impératrice, les dépenses personnelles de Leurs
Majestés (l'Impératrice n'a point de dotation particulière),
les voyages, et enfin les pensions faites par l'Empereur à
tous les membres de sa famille [3].

1. S'il est vrai que le traitement du plus grand nombre des simples
employés de la liste civile soit compris dans les 9,997,000 fr. indiqués
dans le rapport de M. de Royer, il est également incontestable que
les gros traitements (ceux des principaux fonctionnaires et de tous
les dignitaires) se trouvent en dehors de cette somme. Ils ajoutent
1,600,000 fr. aux charges de la liste civile; et, d'autre part, l'administration centrale seule, le ministère de la maison de l'Empereur,
coûte six cent mille francs.

2. Les domaines des Landes, les fermes de Champagne, les châteaux
de Marseille et de Biarritz coûtent à l'Empereur plus de 1,500,000 fr.
par an.

3. En France, le prince Napoléon et sa sœur, Mme la princesse
Mathilde, ont seuls une dotation sur les fonds de l'État. — En Angleterre, le total des sommes payées par l'État aux différents membres de la
famille royale dépasse quatre millions.

Le traitement et les pensions des seuls officiers ou dames
de la Reine d'Angleterre [1] s'élève à 3,300,000 fr., et les dépenses de sa maison (table, écuries, etc.) à 4,300,000 fr.

1. Les grands officiers de la Couronne reçoivent, en France, 40,000 fr.,
les premiers officiers 30,000, et les simples officiers 12,000 (aides de
camp, chambellans, etc.). — La bourgeoisie frondeuse, qui, pendant le
règne du roi Louis-Philippe, gouvernait la France, et qui a eu quelque
peine à s'habituer à la création de grandes charges n'ayant en elles-
mêmes rien que de très-simple et de très-rationnel et contribuant à
rehausser l'éclat du trône, comprendra difficilement l'existence, dans le
pays de ses prédilections, d'un service d'honneur dans lequel se trouvent : huit lords *valets de chambre*, huit *grooms* valets de chambre, le
maître des meutes, le *gardien des cygnes*, le poëte lauréat, les huit
dames de la chambre à coucher, huit *femmes* de la chambre à coucher,
le *groom* des robes, et enfin cinq pages des *escaliers dérobés*, etc.

II

LE CONSEIL PRIVÉ, LES MINISTRES.

Le conseil privé se compose des princes de la famille
royale, des ministres (le président de la Chambre des lords,
Lord High chancellor, fait partie du conseil des ministres),
du président de la Chambre des communes, de l'archevêque
de Canterbury et de l'archevêque d'York, des grands officiers de la Couronne, de la plupart des hauts fonctionnaires
en exercice et de quelques-uns de ceux qui, à diverses époques, ont occupé des emplois importants dans l'État.

Le conseil des ministres (*cabinet council*) n'était et n'est
encore *légalement*, comme le comité judiciaire, qu'une section du conseil privé ; le *cabinet council* est ainsi désigné
parce que, autrefois, il se composait de ceux des membres du
conseil privé qui avaient plus que les autres la confiance du
Roi, et avec lesquels il conférait dans une chambre séparée,
dans son *cabinet*. Aussi la Reine peut-elle, lorsqu'elle préside

en personne le conseil des ministres, lui adjoindre tels ou tels membres du conseil privé. Ce conseil est ordinairement renouvelé lorsqu'un ministère succède à un autre. Dans ce cas, au surplus, ce ne sont pas seulement les grands fonctionnaires de l'administration publique qui suivent la fortune de ceux qui les ont nommés ; mais l'usage veut que les hauts dignitaires de la maison de la Reine soient également remplacés par les amis des nouveaux ministres.

L'importance politique du conseil privé n'a, pour ainsi dire, jamais existé en fait, bien que toutes les ordonnances et toutes les proclamations portent encore qu'elles ont été délivrées en conseil privé ; et son importance judiciaire est loin d'être aujourd'hui ce qu'elle a été un instant, lorsqu'il avait une juridiction criminelle et que l'une de ses sections formait la fameuse *Chambre étoilée.*

Le *judicial Committee* du conseil privé se compose des membres de ce conseil qui exercent ou ont exercé les fonctions de grand chancelier, de vice-chancelier, de garde des sceaux, de présidents des trois cours supérieures, de présidents des cours ecclésiastiques, de président de la cour d'Amirauté, de maître des rôles et autres fonctions ayant directement ou indirectement un caractère judiciaire. Il prononce en dernier ressort : sur les arrêts rendus dans toutes les colonies, sur ceux des cours supérieures d'Irlande, sur les arrêts des cours ecclésiastiques et de l'Amirauté. On peut aussi appeler devant lui des décrets de la cour de chancellerie, en matière d'interdiction. — Enfin c'est lui qui revise les jugements des tribunaux des îles placées autour de l'Angleterre et qui, bien que n'étant pas considérées comme des colonies, ont cependant des lois particulières, telles que : les îles de Jersey, Guernesey, Sark, Alderney et leurs dépendances, qui — j'ai déjà eu l'occasion de le dire — étant une fraction de l'ancien duché de Normandie, n'ont pas cessé d'être régies par le grand coutumier; et l'île de Man. Le conseil privé examine les demandes qui sont adressées à la Reine pour obtenir la prolongation d'un brevet et celles qui ont pour objet la publication d'ouvrages dont les propriétaires ne veulent pas faire de nouvelles éditions.

C'est en présence du conseil privé que la Reine d'Angleterre reçoit les sceaux de l'État des mains des ministres démissionnaires et les remet à leurs successeurs.

Le traitement de tous les ministres et des membres du conseil privé est, en France, de 100,000 francs. Seulement, une allocation supplémentaire de 30,000 francs est accordée au ministre d'État, à celui des affaires étrangères et au ministre de la guerre, dont les dépenses sont supposées devoir être plus considérables que celles de leurs collègues. Mais en Angleterre, tandis que certains membres du cabinet, tels que les ministres de l'intérieur, des affaires étrangères, des colonies et le chancelier de l'Échiquier reçoivent 125,000 francs, le premier lord de la Trésorerie en touche 150,000, le lord grand chancelier 350,000, le secrétaire d'État de l'Irlande 137,500, le premier lord de l'Amirauté 112,500, le secrétaire d'État de la guerre, 64,500, le président du conseil privé 50,000 seulement, et le chancelier du duché de Lancastre 100,000, etc. — Si les membres du conseil privé ne reçoivent, en cette qualité, aucun traitement, les ministres qui ont été aux affaires pendant trois ans, consécutivement ou à différents intervalles, ont droit à une pension viagère de deux mille livres sterling, 50,000 fr.

Voici l'énumération des hauts fonctionnaires qui font partie du conseil des ministres en Angleterre :

Le Premier Lord de la Trésorerie (premier ministre),

Le Chancelier de l'Échiquier,

Le Ministre des affaires étrangères,

Le Ministre de l'intérieur,

Le Ministre des colonies,

Le Ministre de la guerre,

Le Ministre des Indes,

Le Ministre du commerce,

Le Premier Lord de l'Amirauté,

Le Lord Chancelier (président de la Chambre des lords),

Le Président du conseil (président du conseil privé),

Le Lord du sceau privé,

Le Directeur général des postes,

Le Secrétaire en chef pour l'Irlande,

Le Président de l'assistance publique,

Le Chancelier du duché de Lancastre,

Les deux Secrétaires de la Trésorerie,

Le Secrétaire de l'Amirauté,

Le Sous-Secrétaire d'État aux affaires étrangères,

Le Sous-Secrétaire d'État aux colonies.

III

LA CHAMBRE DES COMMUNES.

Le budget français et le budget anglais comparés [1].

La récente discussion du budget au Corps législatif ne rend pas inutile une comparaison plus détaillée de la situation exacte de nos finances et de celles du gouvernement anglais. Il sera facile de se convaincre, par des chiffres dont l'éloquence ne peut être contestée, que, sous ce rapport comme sous tous les autres, nous ne redoutons aucun parallèle avec nos voisins [2].

Remarquons d'abord que notre budget embrasse tous les services de la France, de l'Algérie et des colonies, tandis que le budget anglais laisse en dehors les dépenses du gou-

1. Afin d'éviter tout soupçon de partialité, j'ai pris, à dessein, la plupart de mes termes de comparaison dans le budget français de 1863, le plus élevé de tous ceux que nous avons eus jusqu'ici, et dans le budget *moyen* de l'Angleterre.

2. V. p. 162 à 170, et n. 1, p. 169.

vernement de l'Inde, qui, elles seules, atteignent près d'un milliard [1].

Le budget français se divise en budget *ordinaire*, comprenant ou devant comprendre toutes les dépenses régulières et prévues comme conséquence de la gestion des affaires publiques, de l'entretien de l'armée, du payement des intérêts de la dette, etc.; en un mot, toutes les dépenses ayant un caractère obligatoire et permanent; et en budget *extraordinaire*, comprenant les dépenses qui ne sont ni obligatoires ni permanentes.

Le budget anglais ne comporte pas cette distinction; mais — ce qui certainement ne serait accepté par personne en France — il n'est point voté intégralement chaque année.

Ce qu'on appelle le fonds consolidé (*consolidated fund*) n'est jamais ni voté ni discuté. Or la dette publique[2], la liste civile

---

1. Les recettes (l'impôt) dans l'Inde, s'élèvent à 42,971,200 l. st. (1,085,022,800 fr.); et les dépenses à 36,320,000 l. st. (917,080,000 fr.).

2. La dette publique de l'Angleterre, d'après le compte officiel arrêté le 31 mars 1861 (l'année financière commence le 1er avril et finit le 31 mars), était, pour la Grande-Bretagne et l'Irlande, de 788,975,387 liv. st., soit près de *vingt milliards!* (19,924,628,524 fr.), dont l'intérêt annuel s'élevait à *six cent cinquante-quatre millions*, 25,914,061 l. st. (654,330,040 fr.) Le compte du 31 mars 1862 porte cet intérêt à 26,142,606 liv. st. — En France, la dette publique n'atteint pas *dix milliards cinq cents millions* (10,486,040,864 fr.); les intérêts, en rentes 4 1/2, 4 et 3 0/0, sont, pour le budget de 1863, de 327,628,314 fr. — On ne peut, en effet, comprendre dans la dette publique les rentes appartenant à la Caisse d'amortissement et dont le capital est de 1,707,561,668 fr. — La dette flottante anglaise est, il est vrai, très-inférieure à la nôtre; et tandis que nous consacrons 34 *millions* au payement de ses intérêts, ceux des bons de l'Échiquier ne montent pas à la moitié de cette somme. Mais si la dette flottante de la France est actuellement de 865 *millions* (865,839,048), il ne faut pas oublier que, sur ces 865 millions, *six cent cinquante-deux millions* sont imputables aux gouvernements qui ont précédé l'Empire.

de la Reine, toutes les pensions de la marine, de l'armée, de la famille royale et toutes les autres pensions, le traitement des agents diplomatiques, les dépenses des hautes cours de justice, et une infinité d'autres trop longues à énumérer, font partie du *fonds consolidé*, qui s'élève à plus de *sept cents millions*.

Le Parlement, ayant deux sessions par an, vote, pendant sa deuxième session, les suppléments de crédits dont le ministère croit avoir besoin pour équilibrer les dépenses, et qu'il n'avait pas prévus lors de la présentation du budget.

Le budget ordinaire du royaume-uni de la Grande-Bretagne et d'Irlande dépasse *un milliard huit cents millions* (72,086,485 liv. st.). — Le compte définitif des dépenses ordinaires, arrêté le 31 mars 1862, y compris 30,665,763 liv. st., pour des emprunts, l'amortissement, la dette flottante, les avances du trésor, etc., s'élève même à 102, 752, 248 liv. st. (2,594,494,278 fr.) V. p. 261. — Le budget ordinaire de la France, des colonies et de l'Algérie, que nous venons de voter, est de *un milliard sept cent vingt et un millions* (1,721,581,077 fr); et le budget extraordinaire, consacré en grande partie à des travaux publics extraordinaires, de cent vingt et un millions (121,114,500 fr.).

La construction et l'entretien des routes, les frais du culte (*dîmes* du clergé)[1] et des établissements de charité (taxe des pauvres), et une infinité d'autres dépenses payées en France sur le budget général de l'État, se payent en Angleterre avec les budgets spéciaux des paroisses, c'est-à-

---

1. Ce ne sont pas seulement les grades de l'armée, ainsi que la plupart des charges civiles, qui s'achètent en Angleterre : les bénéfices ecclésiastiques s'y vendent aussi. Le clergé, en France, en y comprenant les subventions des communes, ne coûte pas à l'État plus de soixante-cinq millions. Le budget du ministère des cultes est, pour 1863, de 40,813,836 fr.

dire des communes. La taxe destinée aux routes produit, en
moyenne, 90 millions, les *dîmes* du clergé près de *deux
cents millions* [1], la taxe des pauvres (*poor rate*), 180 millions, et les diverses autres taxes 45 millions. Soit environ
515 millions qu'il faut ajouter aux charges des contribua-
bles et au budget ordinaire de l'Angleterre, qui se trouve
ainsi porté au chiffre *réel* de plus de DEUX MILLIARDS TROIS
CENTS MILLIONS ;

En France, les dépenses sur ressources spéciales (fonds
communs, centimes additionnels ordinaires et extraordinaires des départements et des communes) existent aussi, mais
elles ne s'élèvent qu'à 217,917,785 fr. pour 1863, qui, ajoutés
aux 121,114,500 fr. du budget extraordinaire (sur lesquels
les chemins de fer, terminés depuis longtemps en Angleterre,
prennent ici la plus large part), forment un total de DEUX
MILLIARDS (2,060,611,362 fr.);

Le budget des dépenses *ordinaires* du gouvernement anglais dépasse donc les budgets *ordinaire* et *extraordinaire*
du gouvernement français de TROIS CENTS MILLIONS.

Et cependant le royaume-uni de la Grande-Bretagne et
d'Irlande compte dix millions d'habitants de moins que la
France !

Les sources des revenus publics sont, en Angleterre
comme en France :

1° Les douanes (*customs*); les revenus indirects (*excise*),
qui proviennent à peu près des mêmes objets qu'ici ; le timbre (*stamp*); le domaine et les forêts (*crown lands*); les postes,
les patentes; mais en Angleterre, cet impôt des patentes atteint

---

1. Le nombre des individus obligés de recourir à l'assistance publique.
en Angleterre, est de près d'un million.

presque tout le monde : la noblesse, les fonctionnaires publics, les officiers de la marine et de l'armée de terre, les ecclésiastiques, les avocats, les médecins, les professeurs, les membres d'une corporation, et jusqu'aux simples colporteurs[1];

2° Les *assessed taxes*, qui frappent les voitures, les chevaux[2], les chiens, les *armoiries*, la *poudre à poudrer*, les

1. En Angleterre, un colporteur paye 100 fr., et, s'il a des chevaux, 100 fr. par cheval; un avocat ou un médecin, 1,200 fr.; un *attorney* (avoué ou procureur), 625 fr.; le membre d'une corporation, 25 fr. Quant aux fonctionnaires publics, voici comment ils sont imposés :

2 l. st. ou		50 fr. pour un traitement de 50 l. st.	(1,250 fr.)			
4	—	100	—	—	100 —	(2,500 fr.)
6	—	150	—	—	200 —	(5,000 fr.)
12	—	300	—	—	300 —	(7,500 fr.)
25	—	625	—	—	500 —	(12,500 fr.)
50	—	1.250	—	—	1,000 —	(25,000 fr.)
100	—	2,500	—	—	2,000 —	(50,000 fr.)
150	—	3,750	—	—	3,000 —	(75,000 fr.)
400	—	5,000	au-dessus de		3,000 —	(75,000 fr.)

2. En France, on payera, à compter du 1er janvier 1863, à Paris, pour une voiture de luxe à quatre roues, 60 fr.; pour une voiture à deux roues, 40 fr., et 25 fr. par cheval de selle ou d'attelage; dans les communes de plus de 40,000 âmes, 50 fr., 25 fr. et 20 fr.; dans celles de 20 à 40,000, 40 fr., 20 fr., et 15 fr.; dans les communes de 3,000 à 20,000, 25 fr., 10 fr. et 10 fr.; enfin, dans les communes au-dessous de 3,000 âmes, 15 fr., 5 fr. et 5 fr. Afin de ne pas porter un trop grand préjudice au commerce de la carrosserie, on ne payera que pour les voitures *attelées*. En Angleterre, une voiture, avec deux chevaux au moins, paye trois livres sterling et demie (87 fr. 50); avec un seul cheval, deux liv. st. (50 fr.). Lorsque les roues d'une voiture ont moins de trente pouces de diamètre, et que l'attelage de deux chevaux a moins de cinquante-deux pouces de hauteur, le tarif est de 43 fr. 75, et de 25 fr. si elle n'a qu'un seul cheval. Les voitures à deux roues et à deux chevaux payent deux livres sterling ; celles qui n'ont qu'un cheval, 18 fr. 75 ; et celles dont le cheval ou le mulet (car le mulet est désigné communément, avec le cheval, dans le tarif anglais) a moins de cinquante-deux pouces, une demi-livre (12 fr. 50). Les voitures à bras ne sont pas exemptes, mais elles payent moitié moins; et, tandis qu'en France les voitures de luxe sont seules imposées, en Angleterre l'exemption ne

domestiques [1], les permis de chasse [2], etc., et les *maisons habitées*. Ces diverses taxes produisent soixante millions. On voit que nous avons à faire encore bien des progrès pour atteindre la perfection de nos voisins en matière d'impôt!

3° Enfin, l'impôt foncier et l'*income-tax*.

En France, il y a plus de dix millions de petites propriétés dont le capital ne dépasse pas dix mille francs, l'impôt foncier varie entre le sixième et le septième du revenu net, et l'impôt direct est porté au budget de 1863 pour 309,177,500 fr., dont 169,200,000 fr. pour la contribution foncière, 46,975,500 fr. pour les contributions personnelles et mobilières, 34,508,400 fr. pour les portes et fenêtres, 53,717,600 fr. pour le droit de patente, 4,230,000 fr. pour les chevaux et voitures de luxe, et enfin 546,000 fr. comme taxe de premier avertissement. Il faut ajouter à cette somme de 309,177,500 fr. pour dépenses générales, celle de 192,867,885 fr. pour dépenses spéciales aux départements et aux communes : ce qui porte le total des contributions directes à 502,045,385 fr. [3].

porte que sur les voitures exclusivement employées pour le commerce. Quant aux chevaux, ils sont imposés : un cheval ou mulet d'attelage ou de selle, lorsqu'il a plus de cinquante-deux pouces de haut, 26 fr. 25 : et tous ceux qui ont une taille moins élevée, ou qui appartiennent à des fermiers ou à des gens exerçant une profession quelconque, 13 fr. 15. Une voiture armoriée paye 65 fr. 90 de plus.

1. Un domestique de 18 ans est imposé à 1 liv. 1 sch. (26 fr. 25); il ne paye que la moitié de cette taxe au-dessous de 18 ans. Les femmes sont exemptes.

2. Le produit des permis de chasse est évalué, par le budget anglais, à près de quatre millions. Chaque permis coûte 79 fr. 50.

3. Ce chiffre de 502,045,385 fr. est porté au budget général des dépenses de l'État, bien que les 192,867,885 fr. aient une destination essentiellement spéciale et locale, telle que le service des chemins vicinaux, etc.

En Angleterre, le nombre des propriétaires fonciers n'est pas de six cent cinquante mille; leurs revenus nets s'élèvent à près de trois milliards (2,700,000,000), et ils ne payent annuellement que TRENTE MILLIONS d'impôts, c'est-à-dire un peu moins du *centième* de leurs revenus. De telle sorte que l'aristocratie territoriale se trouve jouir du plus étrange et du plus exorbitant des priviléges, d'un privilége que n'a nullement détruit l'*income-tax*, impôt légalement considéré jusqu'ici comme essentiellement temporaire , comme une ressource extraordinaire qui, d'ailleurs, atteint tout autant la propriété mobilière et industrielle que la propriété foncière. Son produit est d'environ 250 millions. L'*income-tax* n'est prélevé que sur les revenus supérieurs à cent livres sterling (2,500 fr.) et dans des proportions que le Parlement peut arbitrairement modifier chaque année. Il grève en moyenne de 4 pour 100 tous les revenus nets du royaume-uni.

Il convient cependant de ne pas s'exagérer la portée de ce mot, *impôt sur le revenu*, que l'on présente trop souvent comme un épouvantail et dont on ne se rend peut-être pas suffisamment compte. L'impôt sur le revenu n'existe pas seulement en Angleterre ; il existe partout, ici comme ailleurs, en ce sens du moins que tous les impôts directs ont partout été établis *d'après les revenus supposés* du contribuable. Celui en effet qui, en France, est imposé pour une maison ou pour une terre, paye plus ou moins selon que le produit, et par conséquent le *revenu* de la maison ou de la terre, est plus ou moins élevé ; et il en est de même, je le répète, de tous les impôts *directs*, qui sont tous perçus *selon le revenu supposé*. L'impôt foncier n'est qu'un impôt sur le revenu de la terre. Mais tandis qu'en France il frappe directement et équitablement le propriétaire du sol, en Angleterre ce propriétaire ne se trouve frappé qu'indirectement, temporairement, puisque l'*income-tax* n'a pas plus le caractère permanent et définitif que nos décimes de guerre[1].

Le budget de la guerre et celui de la marine sont ceux qu'attaquent avec le plus de vivacité, non-seulement les adversaires du gouvernement français, mais, parfois, ses amis eux-mêmes. Que ne devrait-on pas dire de ce qui se dépense en Angleterre pour ces deux services ?

En France, l'entretien d'une armée de *quatre cent mille hommes et de quatre-vingt-cinq mille sept cent cinq chevaux* (c'est l'effectif normal en temps de paix porté au budget de 1863) coûte TROIS CENT SOIXANTE-SIX MILLIONS (366,620,327 fr.); en Angleterre, *cent quarante-cinq mille quatre cent cinquante hommes et quatorze mille cent seize chevaux* coûtent, — je copie le budget officiel du gouvernement anglais[2], — 15,302,870 livres sterling, ou TROIS CENT QUATRE-VINGT-SIX MILLIONS TROIS CENT QUATRE-VINGT-SIX-SEPT MILLE QUATRE CENT SOIXANTE-SEPT FRANCS ! (386,397,467 fr.).

---

1. L'*income-tax*, inventé par Pitt, en 1797, pour faire face aux dépenses extraordinaires de la guerre, fut aboli en 1815, et n'a été rétabli qu'en 1842, par Robert Peel, pour couvrir le déficit qui devait d'abord résulter de sa réforme économique. La durée de l'*income-tax* fut alors fixée à trois ans; et s'il a été successivement maintenu et prorogé par le Parlement, c'est toujours en invoquant des besoins exceptionnels.

2. *Army estimates of effective and non effective services, for 1862-1863, presented to Parliament by her Majesty's command, ordered by the House of commons to be printed, 17 february 1862.*

Tandis qu'en France la moyenne des dépenses du ministère de la guerre n'atteint pas 940 fr. par homme, elle approche, en Angleterre, de 2,200 fr. — L'administration centrale, qui n'est portée à notre budget de 1863, comme à celui de 1862, que pour la somme de 2,434,668 fr., dépasse cinq millions au budget anglais. — Il est vrai que de simples chefs de bureau, que l'on paye ici de 6 à 8,000 fr. (ce n'est qu'au ministère des finances que le maximum du traitement d'un chef de bureau peut atteindre 9,000 fr.), reçoivent chez nos voisins un traitement de 30,000 fr. ; et la rétribution annuelle des fonctions correspondantes à celles de nos directeurs et de nos directeurs généraux (qui ont de 15 à 25,000 fr.), varie entre 1,500 livr. st. (37,500 fr.) et 2,000 liv. st. (50,000 fr.). — Il est inutile d'ajouter que la même différence se remarque dans tous les traitements de grades correspondants. — La solde moyenne du soldat français est par an de 260 fr., celle du soldat anglais de 640 fr. Un colonel de cavalerie qui, toutes indemnités comprises, ne touche en France que neuf mille et quelques cents francs, reçoit en Angleterre 33,750 fr., et un colonel d'infanterie 27,500 fr.

Les chiffres comparatifs des dépenses du ministère de la marine dans les deux pays ne sont pas moins curieux.

Le nombre des navires anglais qui se trouvent dans les ports ou qui sont en construction, est beaucoup plus considérable que celui des navires français (près du double); mais celui des navires *armés*, qui, d'ailleurs, varie dans les deux pays suivant les circonstances, se rapproche. Aussi le chiffre des marins et des soldats de marine embarqués ou prêts à l'être ne diffère-t-il guère.

Le budget anglais constate que la marine coûte à l'État, pour un nombre égal de bâtiments armés et de marins, un tiers de plus que la marine française.

Le gouvernement anglais qui, pour le budget de la marine, clos le 31 mars 1861, avait dépensé *trois cent dix-neuf millions* (12,640,588 liv. st.) a fait voter 297,806,201 fr. (11,794,305 liv. st.) pour l'exercice 1862-1863. Le crédit accordé au gouvernement français pour 1862 était de *cent quarante-neuf millions* (149,337,819 fr.), et celui de 1863 est de *cent soixante-cinq millions huit cent mille francs* (165,882,420 fr.). Et, je l'ai déjà dit, les différences n'ont pas uniquement pour cause le plus grand nombre de vaisseaux que possède ou que fait construire l'Angleterre, leur explication se trouve surtout dans la modicité des traitements de notre armée de mer et dans la sage économie qui préside à nos constructions navales.

L'administration centrale du ministère de la marine n'est portée au budget français que pour la somme de 1,317,200 fr.; elle coûte, en Angleterre, deux fois plus (3,600,000 fr.), et la moyenne de la solde de nos marins, qui n'atteint pas 700 fr., est de près de 1,000 fr. pour les marins anglais. Il est vrai que les gros traitements, pour l'armée navale comme pour l'armée de terre, sont en partie la cause de cette différence. Si un vice-amiral de ce côté du détroit, ne reçoit que 15,000 fr. à terre et 40,000 fr. en mer, il touche, de l'autre côté de la Manche, dans le premier cas, 36,500 fr. (1,460 liv. st.), et dans le second 64,000 fr.

Un contre-amiral anglais ou un commodore de 1re classe (grade qui n'a pas chez nous de corrélatif), lorsqu'il est à terre, reçoit 1,095 liv. st. (27,375 fr.), à bord 2,200 liv. st. (55,000 fr.); en France, un officier du même grade n'a que

10,000 fr. à terre et 30,000 fr. en mer. Un capitaine de vaisseau de 1re classe qui n'a ici que 5,000 fr. à terre et 14,000 fr. en mer, touche en Angleterre 17,525 fr. à terre et 42,000 fr. en mer. Et les différences sont plus sensibles encore pour les autres grades. Quant aux sous-officiers et matelots, en Angleterre, les premiers ont par an depuis 600 fr. jusqu'à 1,025 fr., et les seconds de 400 fr. à 700 fr.; en France, le traitement des sous-officiers est à peu près le même, mais la solde des matelots ne varie que de 292 fr. à 438 fr. selon leur classe. Les mousses, auxquels nos voisins accordent jusqu'à 265 fr., n'ont chez nous que 146 fr.

Toutes les dépenses, pour le matériel, pour les vivres et pour l'habillement, sont dans le même rapport. L'habillement d'un matelot, qui coûte en France 79 fr. 50 c., revient en Angleterre à 103 fr. Et cependant, personne n'ignore que les draps se fabriquent à plus bas prix en Angleterre. La nourriture d'un matelot français coûte 354 fr. par an, celle d'un matelot anglais 453 francs.

Il est très-difficile d'établir des parallèles complets entre les différents services de l'administration française et ceux qui leur correspondent en Angleterre. Car ici tout, ou presque tout, est nettement défini, tandis que là rien, ou presque rien, ne l'est. Cependant, quelques nouveaux chiffres achèveront cette étude des deux budgets et me permettront d'affirmer que ce qui, chez nos voisins, existe pour la guerre et la marine, c'est-à-dire l'exagération des dépenses et le gaspillage des deniers publics, existe au même degré dans les services civils.

J'ai déjà indiqué les sommes énormes que coûte le clergé

anglican[1]. L'instruction publique, quoique dans de moindres proportions, est beaucoup plus chère en Angleterre qu'en France. L'enseignement supérieur coûte près du double (l'enseignement secondaire ne reçoit pas d'allocation de l'État), et l'instruction primaire, qui n'est portée à notre budget de 1863 que pour une somme de 6,809,100 fr. (dont 300,000 fr. au budget extraordinaire[2]) figure au budget anglais pour une somme de 28,325,575 fr. (7,272,600 fr. sont spéciaux à l'Irlande.)

La diplomatie est mieux rétribuée par les Anglais que par nous. Mais les différences sont surtout sensibles pour les traitements des secrétaires et des attachés d'ambassade ou de légation. — Le premier secrétaire de l'ambassade française à Londres ou à Saint-Pétersbourg reçoit 18,000 fr. (dont 4,000 fr. d'indemnité). Le secrétaire de l'ambassade anglaise à Paris a un traitement de 1,090 liv. st. (27,250 fr.) et celui de la légation anglaise en Russie près de 37,000 fr. (1,475 liv. st. 17 sch. 3 d.).

L'administration de la justice coûtera à la France, en 1863, 32,871,610 fr. Elle aura coûté à l'Angleterre, pour l'exercice de 1862-1863, 3,459,496 liv. st. (87,352,274 fr.). Il est vrai

---

1. Voir page 314 l'indication des revenus de quelques-uns des dignitaires de l'Église anglicane. En France, les archevêques (à l'exception de l'archevêque de Paris, qui a 50,000 fr. de traitement) ne reçoivent que 20,000 fr.; et aucun évêque (excepté celui d'Alger, qui a 30,000 fr.) plus de 15,000 fr. Un supplément de 10,000 fr. est accordé aux six prélats revêtus de la dignité de cardinal.

2. Les dépenses de l'instruction primaire imputables sur fonds départementaux, et résultant des votes facultatifs des conseils généraux, ne sont estimées, au budget de 1863, qu'à la somme de 5,875,400 fr.; mais il ne faut pas oublier les centimes, obligatoires ou facultatifs, votés par les communes.

que le département de la justice, en Angleterre, comprend une portion des services de notre ministère de l'intérieur, notamment la police générale et les prisons. Mais, en tenant compte de cette circonstance, la disproportion des dépenses pour des services analogues dans les deux pays n'est pas moins considérable [1].

Le lord chancelier d'Angleterre est en même temps président de la Chambre des lords. Il reçoit en cette double qualité 350,000 fr. par an dont 150,000 comme président de la cour de la chancellerie (*court of chancery*). Le traitement du lord chancelier d'Irlande est de 8,000 liv. st. (200,000 fr.).

Le garde des sceaux, ministre de la justice, n'a en France que 100,000 fr.

En Angleterre, chacun des trois lords juges de la cour de la chancellerie (*court of chancery*) reçoit comme le lord chancelier, 150,000 fr. (6,000 liv.), et les trois vice-chanceliers 125,000 fr. (5,000 liv.) ; le président de la cour du Banc de la Reine (*court of Queen's Bench*) a 200,000 fr. (8,000 liv.), le premier commis (*chief clerck*) de cette cour, 192,500 fr. (7,700 liv.), et les quatre juges de cette cour chacun 125,000 fr. ; le président de la cour des plaids communs (*common pleas*) 175,000 fr. (7,000 liv.), et chacun des quatre autres juges 125,000 fr. ; le président de la cour de l'Échiquier (*Exchequer*) 175,000 fr., trois juges à 125,000 fr. et un quatrième à 102,664 fr. (4,065 liv. 18 s. 8 d.) ; le juge de la haute cour de l'Amirauté (*high court of Ad-*

____

1. Les frais de la police générale de la France sont inscrits au budget pour 7,596,700 fr., et le service des prisons pour 18,092,400. Le seul service des constables d'Irlande coûte plus de dix-neuf millions (19,653,792 fr.) (778,368 liv. st.).

miralty) 100,000 fr. (4,000 liv.), celui de la cour *of probate* 125,000 fr.[1], etc., etc. Les autres traitements sont dans les mêmes proportions.

Quant aux émoluments des juges des cours d'Irlande, qui ont les mêmes dénominations, ils ne sont guère moins élevés. Le président de la cour du Banc de la Reine en Irlande reçoit 128,130 fr. (5,074 liv. 9 s. 4 d.).

Or voici quels·sont, en France, les traitements des membres de notre cour suprême :

Le premier président et le procureur général.	35,000 fr.
Les présidents de chambre.................	25,000 fr.
Les conseillers	18,000 fr.

Pour ne pas multiplier à l'infini les citations, il me suffira de rappeler, en terminant, qu'en France les conseillers des cours impériales, délégués pour présider les assises, n'ont qu'une indemnité de 1,600 fr. à 2,800 fr. (c'est le maximum), et qu'en Angleterre, les juges des cours de comté, présidents des assises, reçoivent de 30,000 fr. à 37,500 fr. (1,200 liv. à 1,500 liv.)!

Est-ce là un régime financier digne d'envie, et à quoi servent donc ce régime parlementaire et cette liberté de la presse que l'on déclare si nécessaires à la bonne administration des deniers publics?

---

1. Tous ces chiffres sont extraits des documents officiels publiés par le gouvernement anglais, et bien plus, je dois ajouter que chacun de ces traitements auxquels on ne pourra pas croire en France existe en vertu d'un acte spécial du Parlement, et est inscrit, avec le nom du titulaire, sur le *fonds consolidé!*

En comparant le budget français avec le budget anglais, j'ai dit que les dépenses ordinaires de l'Angleterre, pour l'année 1861-1862, s'élevaient, d'après le compte définitif, du dernier exercice[1], à 72,086,485 liv. st. 3 sch. 5 den. (1,820,183,750 fr.), qu'il fallait équitablement y comprendre les cinq cents millions payés en Angleterre avec le produit des taxes locales, qui se soldent en France sur le budget, et que par conséquent ce budget dépasse nos budgets ordinaire et extraordinaire réunis d'environ *trois cents millions*.—Il est bien entendu que je parle de nos budgets en temps de paix. — Je dois observer que si le budget anglais n'est pas, comme le nôtre, divisé en budget ordinaire et en budget extraordinaire, il doit du moins être augmenté des dépenses d'ordre et des dépenses éventuelles comprises en France, — pour la plupart — dans notre budget ordinaire. Or en 1861-1862, elles ne se sont pas élevées à moins de 30,665,763 liv. ster. 9 shel. 7 den. (774,310,527 fr.); de telle sorte que l'on pourrait affirmer, sans être taxé d'exagération, que, réellement, les dépenses ordinaires de l'Angleterre (toujours sans y comprendre le budget spécial de l'Inde), dépassent, en moyenne, non pas seulement de *trois cents*, mais de HUIT CENTS MILLIONS, le total de nos dépenses ordinaires et extraordinaires[2].

Voici, au surplus, les tableaux, résumés mais authentiques,

---

1. Le compte rendu du dernier exercice est présenté au parlement par le chancelier de l'échiquier, en même temps que le projet de budget pour l'année suivante.

2. Les dépenses imprévues de la guerre du Mexique, qui ont modifié les prévisions du budget français de 1863, ne doivent évidemment pas être comptées comme dépenses normales des budgets extraordinaires.

des recettes et des dépenses du budget anglais, pour l'exercice 1861-1862, et du budget français pour l'année 1863[3].

BUDGET DE L'ANGLETERRE POUR 1861-1862.

COMPTE DÉFINITIF DES DÉPENSES ET DES RECETTES ARRÊTÉ LE 31 MARS 1862.

DÉPENSES :

Fonds consolidé.					
Intérêts de la dette consolidée. ...	26,142,606£	0s.	6d.	660,100,802^f	15^c
Liste civile :	404,260	10	10		
Gratifications et pensions..	312,962	2	8		
Salaires....	155,859	1	1		
Traitements et pensions diplomatiques......	174,423	18	8		
Cours de justice......	695,790	2	6		
	1,743,295	15	9	· 44,018,218	60
Dépenses diverses.....	1,172,276	10	7	29,599,982	35
			Total......	723,719,003^f	10^c

1. Dans le chapitre précédent, je n'ai, pour les petites sommes, compté la livre sterling qu'à raison de 25 fr., afin d'arriver à un compte plus rond ; mais la livre sterling vaut réellement 25 fr. 25 c. Et c'est la base que j'ai prise pour le tableau exact des dépenses et des recettes de l'année 1861-1862.

		£	s.	d.		fr.	c.
	Armée, milice, vivres et artillerie.............	15,570,868	11	2			
	Service naval...........	12,598,042	7	3			
	Opérations navales et militaires en Chine...	1,230,000	0	0			
	Dépenses extraordinaires de la dernière guerre de Russie............	53,430	15	10			
		29,452,341	14	3		743,671,628	20
	Frais des divers services civils...............	7,984,463	9	7			
	Frais de perception des recettes des divers services...............	4,699,581	1	3			
	Services des paquebots-poste...............	891,920	11	6			
		13,575,965	2	4		342,793,119	55
	Total de la dépense...	72,086,485	3	5		1,820,183,750	55
	Avances par voie d'emprunt...............	1,305,476	2	2		32,963,271	80
	Rachat de la dette consolidée...............	24,179	10	9		610,533	36
	Remboursement de la dette flottante........	13,070,500	0	0		330,030,125	»
	Payement d'avances à terme...............	10,976,932	3	2		277,167,536	85
	Balance du trésor, au 31 mars 1862.. { à la banque d'Angleterre.. / à la banque d'Irlande.....	5,288,675	13	6		133,539,060	83
		30,665,763	9	7		774,310,527	83
	Dépense ordinaire.....	72,086,485	3	5		1,820,183,750	55
	Dépenses éventuelles..	30,665,763	9	7		774,310,527	83
	TOTAL GÉNÉRAL	102,752,248	13	»		2,594,494,278	83

Services militaires et services civils.

Dépenses éventuelles.

RECETTES :

Compte du trésor au 31 mars 1861 : { banque d'Angleterre... banque d'Irlande..... }	6,672,132£ 2 s. 10 d.		168,471,336ᶠ 57ᶜ
Revenus, encaissés par le Trésor en 1861-62 :			
Douanes.....	23,674,000£	» s » d.	
Contributions indirectes	18,332,000		
Timbre.....	8,590,945	5	
Impôt foncier.....	3,160,000		
Taxe sur le revenu.....	10,365,000		
Postes.....	3,510,000		
Domaine de la couronne :	295,000		
	67,926,945	5	
Divers.....	1,747,533	14	11
¹	69,674,478	19	11	1,759,280,594 65
Avances encaissées.....	1,559,305	7	1
Espèces provenant d'une émission de consolidés :	970,000	»	»
Émission de bons du Trésor (dette flottante) :	12,899,400	»	»
Rentrée d'avances temporaires.....	10,976,932	3	2
	26,405,637	10	3	666,742,347 16
TOTAL GÉNÉRAL.....	102,752,248£ 13 s » d.		2,594,494,278ᶠ 38ᶜ

1. Il faut remarquer que les recettes du budget de 1861-1862 n'étant que de 69,674,478£ 19 s. 11 d., et les dépenses s'étant élevées à 72,086,485 £ 3 s. 5 d., le compte définitif de ce budget a constaté un déficit de plus de *soixante millions* : 2,412,006 £ 4 s. 6 d. (60,903,155 fr. 85 c.).

BUDGET DE LA FRANCE POUR 1863.

DÉPENSES ORDINAIRES :

Dette publique et dotations (1re section du ministère des finances)	658,209,709^f

Services généraux des ministères.

Ministère d'État (4 sections)	17,048,800
— de la justice (4 sections)	32,871,610
— des affaires étrangères (3 sections)	12,519,200
— de l'intérieur (6 sections)	50,518,484
— des finances (2 dernières sections), la 1re comprend la dette publique, etc.	22,273,788
— de la guerre (5 sections)	366,620,367
Gouvernement général de l'Algérie (4 sections)	14,156,013
Ministère de la marine et des colonies (5 sections)	149,383,420
— de l'instruction publique et des cultes (8 sections)	63,704,457
— de l'agriculture du commerce et des travaux publics (5 sections)	71,386,400
Frais de régie et de perception des impôts et revenus publics	225,567,829
Remboursements, restitutions et non-valeurs, primes et escomptes	36,011,000
Total du budget des dépenses de l'exercice 1863 :	1,720,271,077^f

BUDGET EXTRAORDINAIRE (Dépenses) :

Ministère d'État	8,650,000^f
Intérieur	3,670,000
Finances	2,200,000
Guerre	7,889,000
Gouvernement général de l'Algérie	3,700,000
Marines et colonies	16,500,000
Instruction publique	3,800,000
Agriculture commerce et travaux publics	74,705,500
TOTAL GÉNÉRAL	1,841,385,577^f

BUDGET ORDINAIRE.

RECETTES :

Contributions directes.	309,177,500ᶠ
Enregistrement, timbre et domaine.	409,975,016
Produit des forêts et de la pêche.	44,433,500
Douanes et sels.	198,794,000
Contributions indirectes.	519,692,000
Produits des postes.	66,452,000
Produits universitaires.	2,846,500
Produits et revenus de l'Algérie.	18,734,000
Retenues et autres produits affectés au service des pensions civiles.	13,887,000
Produit de la réserve de l'amortissement.	99,210,286
Produits divers.	51,553,416
Total du budget des recettes de l'exercice 1863,	1,728,631,118ᶠ

BUDGET EXTRAORDINAIRE (Recettes) :

Solde disponible du produit des obligations trentenaires émises par le Trésor et versement par les Cⁱᵉˢ de Lyon et d'Orléans.	57,500,000ᶠ	
Indemnité de Chine (3ᵉ annuité).	10,000,000	
Arrérages des rentes possédées par l'amortissement en 1863.	51,648,615	
Vente des terrains dont le prix est affecté à la reconstruction de l'opéra.	2,500,000	
	121,648,615ᶠ	121,648,615
TOTAL GÉNÉRAL.		1,850,279 733ᶠ

Les free holders, les copy holders.

En Angleterre, le principe qui règle les qualités exigées des électeurs est, et a été de tout temps, que le droit de vote ne doit appartenir qu'à ceux dont la position de fortune est supposée garantir l'indépendance. La propriété a été long-temps toute féodale en Angleterre; elle l'est encore aujourd'hui sous bien des rapports. Les principes féodaux étaient cependant sinon inconnus, du moins peu répandus avant la conquête normande. — Après cette conquête, il n'est pas exact de dire, comme on l'a répété sur la foi des moines qui avaient mal compris les termes du droit féodal, que toutes les terres aient été confisquées par Guillaume et distribuées par lui entre ses barons. Mais ce qui est vrai, c'est que l'influence et les habitudes normandes étendirent et développèrent considérablement les principes féodaux. Voici comment : un grand nombre de nobles saxons périrent à la bataille d'Hastings; beaucoup d'autres ou furent tués dans les insurrections qui se renouvelaient sans cesse dans les premiers temps de la domination normande, ou virent leurs biens confisqués pour avoir pris part à ces insurrections. — Les compagnons de Guillaume eurent les terres de ces nobles saxons et les *tinrent* féodalement de leur roi. C'était un premier pas fait dans la voie d'une organisation féodale de l'Angleterre. Puis la crainte d'une invasion des Danois, la nécessité de donner au pays tout entier une organisation plus forte et plus régulière réunit, en vue de dangers communs, les Saxons et les Normands ; et le Concile ou assemblée nationale de Sarum (1086) établit d'une manière générale et même absolue la féodalité. — Par suite d'une fiction que consacra le Concile de Sarum, tous les biens furent supposés donnés par le roi à titre de fiefs ; il n'y eut plus *d'alleux* ¹. — La conversion des alleux en fiefs, qui s'était opérée peu à peu et d'une façon plus ou moins complète sur le continent, s'opéra complétement et d'un seul coup en Angleterre, sous la double influence des institutions importées par les conquérants et d'une menace d'invasion.

Dans le système féodal, dans celui de l'Angleterre du moins, où toute terre relevait du roi, aucune terre n'était, à proprement parler, la propriété d'un sujet. Il *tenait* ses propriétés territoriales (appelées de là *tenements*) du roi ou d'un feudataire ou vassal du roi (*demesne* ou *middle lord*) dont il était lui-même le feudataire ou vassal. — Il y avait entre le propriétaire ou lord et le feudataire un lien : le premier devait protection, le second service. — La nature et le caractère du bien tenu et du mode de possession de ce bien, *tenure*, diffère selon la nature et le caractère du service exigé. Ces services étaient tels qu'ils pouvaient être rendus par des hommes libres ou qu'ils ne

---

1. Dans les langues du Nord, *odh* signifie propriété : *all* signifie tout ; *odhall*, *allodh*, *allodium*, *alleux*, est la pleine propriété. — *Fee* signifie récompense conditionnelle ou solde ; *freodh*, *feodum*, *fief* est la propriété à titre de solde, à titre de récompense conditionnelle et précaire.

pouvaient l'être que par des *vilains*. — Parmi les fiefs n'obligeant qu'à un service noble et honorable, il en était de plusieurs sortes. 1º Ceux pour lesquels était dû un service militaire, *servitium militare (tenure by knight service)*. Le service ainsi dû était incertain quant à l'époque où il pourrait être réclamé et au temps pendant lequel il pourrait durer. — Dans la suite, le service militaire que le tenancier devait en personne fut changé en une redevance pécuniaire dite *scutage* ou *escuage*. — 2º La seconde espèce de tenure libre et honorable est la tenure *in free socage* dont le double caractère est d'imposer un service non militaire et expressément déterminé, tel que le payement d'une rente, l'hommage, etc. Parmi les tenures *in free socage* il faut ranger la tenure *in burgage*, qui ne paraît autre que la tenure *in free socage* appliquée à des bâtiments ou terrains situés dans les villes dont le roi ou un seigneur était propriétaire. Ce mode de tenure remonte aux temps saxons, et son existence dans un burgh est la preuve de l'ancienneté de ce burgh. — Charles II abolit les droits féodaux les plus onéreux. Les fiefs militaires ont été pour la plupart convertis en *free socage,* sous la seule réserve des services honorifiques dus par les tenants en grande et petite *serjeanty* [1].

Toutes les *tenures* nobles et honorables ont fini par être

---

1. La grande *serjeanty* était une *tenure* qui imposait l'obligation de remplir auprès du roi tel ou tel office, soit habituellement, soit à son avénement. On en voit encore aujourd'hui un reste dans les chambellans, fauconniers et autres dignitaires héréditaires d'Angleterre ou d'Écosse. — La petite *serjeanty* consistait dans la remise au roi ou au lord, à des époques déterminées, d'armes ou d'objets de guerre. C'est ainsi que les descendants de Marlborough font, chaque année, hommage au souverain de deux drapeaux, dans le château de Windsor.

réduites à une seule, la tenure *in free and common socage*, désignée d'ordinaire sous le nom de *freehold*.

D'autres terres n'étaient abandonnées aux tenants que moyennant des services non pas nobles et honorables, mais au contraire roturiers et vils. Les seigneurs auxquels appartenaient les manoirs, *lords of manors*, occupaient par eux-mêmes ou par leurs serviteurs une portion des terres du manoir; c'étaient les *demesne lands*, (*dominicales terræ*). Le reste de leurs terres était donné à des tenants; les unes moyennant des services libres et honorables, ce qui rentrait dans le *free socage;* et la culture des autres était abandonnée à des gens de condition inférieure, à des vilains ou *villani*, véritables serfs obligés à des services inférieurs ou corvées.

Ces sortes de tenures étaient dites *tenures of villenage*. Rien n'était plus précaire, dans l'origine, que cette espèce de possession, car le seigneur pouvait, à sa volonté, déposséder le tenant; mais le temps la transforma, la consolida, et la tolérance du lord finit par engendrer des droits pour le tenancier.

Les tenures ainsi transformées furent nommées *copy holds*.

Ce nom leur est venu de ce qu'elles ne sont pas constatées par un acte écrit ou charte comme les *free holds*. Ne reposant sur aucun titre, elles ne peuvent être établies que par une expédition ou *copy* des rôles de la *court baron*, constatant la possession de la terre d'après les usages du manoir.

Le *copy hold* est aujourd'hui, de fait, égal au *free hold;* les *copy holds* consistent généralement en maisons, rarement en fermes.

La tenure d'après laquelle sont possédées nombre de terres ayant appartenu au domaine royal du temps de la conquête, est encore un *copy hold*. C'était un genre de tenure en *villenage* privilégiée, tenure exigeant des services inférieurs, mais toujours certains et déterminés, laissant moins de marge à l'arbitraire du seigneur, aussi l'appelait-on anciennement *privileged villenage* ou *villein socage*. De toutes ces diverses manières de posséder les immeubles, les unes sont *of inheritance*, héréditaires, les autres *for life*, sorte de bail à vie.

Il faut ajouter à ces *tenures*, dont je n'ai énuméré que les principales, les *estates at will*, qu'aucun acte ne garantit. — Enfin la terre est encore possédée, en Angleterre comme en France, à titre de simple bail, *lease hold;* mais les baux en Angleterre sont ordinairement de très-longue durée.

Conditions requises pour être électeur dans les comtés et dans les bourgs d'Angleterre.

Les membres de la Chambre des communes sont nommés, les uns pour les comtés, par les propriétaires de terres : ce sont les *knights of the shire*, chevaliers ou représentants du comté ; les autres, pour les cités ou bourgs, par les citoyens et bourgeois. Les premiers sont censés représenter l'intérêt foncier, les seconds l'intérêt commercial. — Mais il est cependant de principe que le membre de la Chambre des communes, de quelque manière qu'il ait été élu, représente tout le royaume. — Il en est de même en France, où chaque député au Corps législatif représente le pays tout entier et non pas seulement le département qui l'a nommé[1].

1. En vertu de la convention qui réunit définitivement l'Écosse à l'Angleterre, il fut décidé que les deux royaumes n'auraient qu'un seul Parlement sous la dénomination de *Parlement britannique*; que seize pairs écossais siégeraient à la Chambre des lords ; que quarante-cinq députés seraient envoyés à la Chambre des communes. — La convention ayant été ratifiée par les Parlements d'Écosse et d'Angleterre, le *Parlement d'Angleterre* tint sa première séance à Westminster, le 23 octobre 1707.

Avant la réforme de 1832, chaque comté et chaque *burgh* d'Angleterre envoyait à la Chambre des communes deux députés ; chaque

Dans l'origine, tous les *freeholders*, quelque modique que fût leur propriété ou leur revenu, étaient appelés au vote, comme cela se pratique encore aujourd'hui pour l'élection des *coroners* et des *verderers*.

Le statut de Henry VI, c. 7, a limité le droit de suffrage aux seuls *freeholders*, jouissant d'un revenu d'au moins quarante schellings.—Cette somme valait alors dix fois plus qu'aujourd'hui. — Le *freehold* d'un revenu annuel de 40 schellings dans les comtés était donc autrefois la condition invariablement requise de cette classe d'électeurs.—Mais l'acte de réforme a introduit de nouvelles règles sur la nature et la valeur des biens exigés de ces électeurs : 1° à l'égard des *freeholds*, l'ancienne obligation de 40 schellings de revenu annuel, outre les charges, est maintenue : pour tous les *freeholders* jouissant de droits héréditaires; pour tous les *freeholders* à vie, quels qu'ils fussent, qui existaient et qui par conséquent avaient droit de vote, avant la réforme (7 juin 1832); pour tous ceux qui, même après la loi de réforme, seront *in actual and bona fide occupation* d'un *freehold* à vie ou l'auront acquis par mariage, contrat de mariage, *devise*, ou promotion à un bénéfice ou à un emploi (section 18 du *reform bill*). — A l'égard de tous les autres *freeholders* l'acte de

comté ou *burgh* du pays de Galles un député. En tout 508, dont 94 pour les comtés, et 414 pour les bourgs. — (Le nombre des bourgs ou villes ayant le droit d'élire des députés n'était que de 20 pendant le règne d'Édouard Ier; il fut de 120 pendant celui d'Édouard III ; Édouard IV en ajouta 22, la reine Marie 14, et Élisabeth 62.) — Il y a aujourd'hui pour l'Angleterre et le pays de Galles, 500 députés, 158 pour les comtés, 342 pour les bourgs (dont 2 pour les universités), auxquels il faut en ajouter 105 pour l'Irlande (dont 2 pour les universités) et 53 pour l'Écosse. — Soit 658 pour le Royaume-Uni.

« Le chiffre de 658 députés — dit lord Brougham — est énorme. Quoi-

réforme a élevé le cens à un revenu net d'au moins dix livres, outre les charges. 2° L'acte de réforme a conféré
aussi le droit de vote aux *copyholders.* En ce qui concerne
les *copyholds* et généralement tout mode de propriété autre
que le *freehold*, le cens est d'un revenu net de dix livres
sterling, en dehors des charges. 3° Quant aux *lease holds*,
baux, s'il s'agit d'un bail de soixante ans (ces sortes de baux
n'existent guère que dans le nord de l'Angleterre, mais sont
assez fréquents dans le Northumberland), le fermier a, pour
tout le temps de son bail, ou pour le temps restant à courir
si le bail avait commencé avant l'acte de réforme, le droit
de voter aux élections de Comté si le bien qu'il tient à bail
est d'un produit net annuel de dix livres ou au-dessus, déduction faite de toutes rentes et charges, notamment de la
rente due par le fermier au propriétaire ; s'il s'agit d'un bail
de moins de soixante ans, mais de plus de vingt, les mêmes

que plus des cinq sixièmes des membres soient rarement présents, les
réunions sont cependant beaucoup trop nombreuses pour que la discussion reste calme et même pour que la tenue soit convenable. Le
nombre de ceux qui parlent prolonge aussi les débats et arrête toutes
les affaires. Un petit nombre d'affaires, la plupart relatives à la politique du pays, occupe toute la session ; et ce n'est que lorsqu'elle
touche à sa fin que les mesures les plus importantes sont présentées,
quand la fatigue s'est emparée de tout le monde et que beaucoup de
membres ont quitté la place. » (*British Constitution*, c. 8, p. 127.)

Le Yorkshire, dont l'étendue est considérable et qui est divisé en trois
ridings ou chevauchées envoie deux députés pour chacun de ses *ridings.*
— Les comtés les plus étendus, qui comprennent deux divisions, en nomment deux par division. Ils sont au nombre de 25, tels que Cheshire,
Norfolk, etc. — Les *ridings* et les divisions sont considérés pour tout ce
qui concerne les élections comme des comtés séparés. L'île de Wight,
est également traitée, à ce point de vue, comme un comté, mais n'a
qu'un seul député. — Pour les autres comtés, le nombre des députés
est : soit de trois (Herefordshire, Dorsetshire, Buckinghamshire, Camb-
ridgeshire), soit de deux (Huntingdonshire, Westmoreland, etc.) ou d'un

règles sont suivies avec cette différence que le produit annuel doit être de cinquante livres, outre la rente et les charges. — Les règles, relatives aux droits des *leaseholders*, fermiers, leur sont toujours applicables, quelles que soient les conditions de leur bail. — Mais lorsque c'est un sous-locataire qui veut se prévaloir du bail, il doit être *in actual occupation* des lieux. 4° Toute occupation comme tenancier, moyennant le payement d'une rente annuelle et lors même que rien ne garantit à l'occupant la durée de sa possession, confère le droit de vote, si la rente annuelle payée par l'occupant est d'au moins 50 livres sterling.

Autrefois, on se contentait d'exiger de l'électeur la possession, au moment du vote, des conditions exigées de lui. La réforme de 1832 a remédié aux inconvénients d'un pareil système en décrétant la création de listes annuelles et per-

seul (Radnorshire, etc.) — Le pays de Galles n'a toujours qu'un député par comté.

La loi de réforme a enlevé la franchise électorale aux *close boroughs* énumérés dans la cédule A annexée à cette loi. — Elle l'a accordée à certaines villes qui ne l'avaient pas jusque-là. — Les différentes villes qui depuis 1832 envoient des députés au Parlement, sont énumérées dans la cédule O, jointe à l'acte 2 et 3, William IV, c. 64.

Londres, j'ai déjà eu occasion de le dire, ne nomme que quatre députés, beaucoup d'autres cités importantes deux, et les autres bourgs un seul. — Dans le pays de Galles on va jusqu'à réunir plusieurs bourgs pour l'élection d'un député. — C'est ce qu'on appelle les bourgs contributoires (*contributory boroughs*). Ainsi le *Cardigan district*, comprend les bourgs de Cardigan, Aberystwith et Lampeter, le *Cardiff district*, les bourgs de Cardiff, Cowbridge, Llantrissant, Aberdour et Llandaff. — L'université d'Oxford et celle de Cambridge sont aussi représentées au Parlement, chacune par deux députés. — C'est sous Jacques Ier, que ces deux universités commencèrent à envoyer régulièrement des députés au Parlement, privilége qui tend à faire représenter dans la Chambre des communes les professeurs et les étudiants.

manentes servant pour toutes les élections de l'année. — L'inscription régulière sur ces listes est, dans tous les cas, une condition *sine qua non* du vote. — Les inspecteurs des pauvres (*overseers*) de chaque paroisse doivent, le dernier jour de juillet, dresser à cet effet la liste alphabétique des personnes qui réclament le droit de voter. C'est aux *overseers* que sont adressées toutes les demandes en inscription ou en radiation. — En marge du nom, à l'inscription ou au maintien duquel s'opposent *l'overseer* lui-même ou toute autre personne, sont écrits ces mots : *objected to*, il y a opposition. Les listes sont affichées à la porte de l'église. Elles doivent ensuite être revisées, lorsqu'il y a contestation, par des *barristers*, avocats désignés à cet effet, qui tiennent des audiences pour statuer sur les droits des électeurs. Les listes revisées et corrigées par le *barrister* sont transmises au clerc de paix (*clerk of the peace*) du comté qui les transcrit avec soin sur un livre ou *register*. Enfin le *register* complet doit être remis, le dernier jour d'octobre au plus tard, au sheriff ou bien au sous-sheriff pour rester à sa garde. Il devient alors le livre officiel des électeurs du comté pour l'année suivante. — Ne doivent toutefois être portés sur ce livre que ceux qui auront été en possession réelle de la propriété, ou qui en auront reçu les rentes et profits pendant six mois au moins, avant le 31 juillet (jour de la formation des listes), et pendant un an, lorsqu'il s'agit de fermiers et de simples occupants à titre provisoire. — Cette dernière condition n'est pas exigée de ceux auxquels les biens ont été transmis à titre héréditaire ou successoral, par mariage, contrat, ou promotion à un bénéfice ou à un office. Il leur suffit d'être en possession le 31 juillet, quelque courte qu'ait été la durée antérieure de cette possession. — L'électeur une fois inscrit sur le *county register* n'a plus besoin de former de nouvelle demande d'inscription pour les années suivantes, pourvu que sa *qualification* et son domicile restent les mêmes.

Ces formalités, quoique beaucoup plus compliquées que celles qui présidaient autrefois en France à la confection des listes électorales, ont avec elles certaines analogies. — L'établissement du suffrage universel les a encore simplifiées pour nous.

Jusqu'à l'acte de réforme, le droit des électeurs des bourgs dépendait entièrement des diverses chartes, coutumes et constitutions de leurs bourgs respectifs. — De cette diversité naissaient des contestations sans nombre, auxquelles cherchèrent à remédier les actes 2, George II, cap. 24; 28, George III, cap. 52; et 34, George III, cap. 83, portant que toute décision d'un comité de la Chambre des communes sur le droit de vote attribué à un bourg particulier, lorsqu'elle serait rendue dans les circonstances que l'acte spécifie, tranchera pour toujours la difficulté, en donnant ainsi à la décision de la Chambre la force d'une loi et non plus seulement celle d'un simple jugement.

Un autre système a été établi par l'acte de réforme.

Ce nouveau système d'abord confère à une certaine classe de personnes un droit de vote reposant sur des bases nouvelles; et en second lieu — moyennant certaines conditions — réserve à perpétuité certains droits et, pour un temps, certains autres. — La réserve de ces anciens droits laisse subsister la plus étrange confusion.

1° Nouveaux droits résultant de l'acte de réforme. Aura

à l'avenir, le droit de voter aux élections du bourg, pour le Parlement : Quiconque occupe dans le bourg (comme propriétaire ou comme tenancier) une maison ou autre bâtiment de la valeur nette annuelle de 10 livres sterling au moins, ou même d'une valeur inférieure, si ce chiffre est atteint en ajoutant à la valeur locative de la maison ou bâtiment celle de la terre que la même personne peut occuper dans le même bourg, soit à titre de propriétaire, soit à titre de tenancier d'un même propriétaire.

Cela sous les restrictions suivantes :

Le *voter* ne peut être enregistré (car la formalité de la *registration* est, depuis la loi de réforme, requise dans les bourgs comme dans les comtés) que s'il a occupé les lieux à raison desquels il demande son inscription pendant douze mois avant le 31 juillet. Si pendant le même temps il a été imposé à toutes les *poor rates* (taxes au profit des pauvres) du bourg ; si le 20 juillet, au plus tard, il a payé toutes les *poor rates* et *assessed taxes* par lui dues jusqu'au 6 avril précédent ; et si, enfin, pendant les six mois qui ont précédé le 31 juillet, il a résidé dans le bourg ou à une distance de sept milles au plus. — Ces nouvelles règles sur le droit de voter dans les bourgs s'appliquent également aux comtés incorporés (*counties corporate*), c'est-à-dire aux villes qui, par elles-mêmes constituent un comté. — Quant aux universités, les dispositions de l'acte de réforme ne leur sont applicables sous aucun rapport.

2° Les anciens droits réservés à perpétuité sont ceux des bourgeois ou *freemen* (membres de corps de métiers ou de toute autre corporation) ; et dans d'autres villes, comtés incorporés, ceux des *freeholders* ou des *burgage tenants*. — Toutes personnes qui, comme bourgeois ou hommes libres (*freemen*), ou qui, à Londres comme *freemen* ou *liverymen*, avaient le droit de voter antérieurement à l'acte de réforme, conservent ce droit. Mais leur *qualification* doit être aussi complète, le 31 juillet de l'année dans laquelle ils sont enregistrés, qu'elle devait l'être autrefois le jour même de l'élection. Il faut en outre qu'ils aient résidé, pendant les six mois qui ont précédé le 31 juillet, dans le bourg ou dans un rayon de sept milles du lieu où, avant la réforme, les votes étaient donnés. — Dans chaque cité ou ville qui, par elle-même est un comté, les *freeholders* et les *burgage tenants* conservent également leurs droits. — Ces villes sont au nombre de six : Exeter, Haverfordswest et Norwich, où le droit de vote appartient à tous les *freeholders;* Bristol et Nottingham, où le droit appartient aux seuls *freeholders* de 40 schellings ; Lichfield, où il est attribué aux *freeholders* et aux *burgage tenants* de 40 schellings. Toutefois, le *freeholder* ou le *burgage tenant* ne peut être enregistré : s'il n'est en possession de son *freehold* ou de son *tenement* depuis douze mois avant le 31 juillet (à moins qu'il ne le possède par héritage, succession, mariage, contrat de mariage, legs — *devise* — ou promotion à un bénéfice ou à un office); s'il ne réside, depuis six mois avant le 31 juillet, dans la ville ou *county corporate*, ou dans un rayon de sept milles. — Quand le *freeholder* ou le *burgage tenant* ne possède qu'à titre viager, la loi exige (à moins qu'il n'ait acquis par mariage, *settlement*, *devise* ou promotion), qu'il occupe réellement ou *bona fide*, ou bien que son immeuble soit d'une valeur annuelle nette de dix livres sterling. — De même que lorsqu'il s'agit de la *qualification* d'un *freeholder* électeur de Comté.

3° Les anciens droits de vote réservés pour un temps son

tous ceux qui existaient dans les bourgs, à quelque titre que ce fût, et qui n'ont pas été compris parmi ceux que l'acte de réforme a conservés à perpétuité. Parmi ces droits réservés pour un temps sont ceux des *freeholders* ou *burgage tenants* dans les villes et bourgs qui ne sont pas *counties corporate*, des habitants payant *scot and lot* (droits de la paroisse) des habitants *House holders*, des habitants *potwallers* (pouvant faire eux-même leur pot), etc. — Tous ces droits, tels qu'ils existaient d'après la coutume des différentes localités, sont conservés pendant la vie de ceux qui les possédaient le 7 juin 1832, jour où le bill de réforme reçut la sanction royale.

La *qualification* doit, le 31 juillet de l'année dans laquelle le *voter* est enregistré, être aussi complète qu'elle devait l'être, avant l'acte, le jour même de l'élection.

La condition de résidence imposée aux *burgesses* et *freemen* est également exigée de ceux dont le droit n'est que viager. — Et en outre, ce droit est perdu pour ceux d'entre eux dont le nom aurait été omis sur le *registre* pendant deux années successives.

Il faut observer encore à l'égard des *freeholders* et des *burgage tenants* viagers que pour qu'ils aient le droit de voter, si leur acquisition est postérieure au 1ᵉʳ mars 1831, il faut que cette acquisition ait eu lieu à titre héréditaire ou successoral, par mariage, *settlement*, promotion à un bénéfice ou à un office.

La *registration*, nécessaire pour les électeurs des comtés comme pour les électeurs des bourgs, a lieu de la même façon dans les bourgs et dans les comtés. — Cependant, dans les bourgs, les électeurs n'ont besoin pour voter de faire aucune réclamation, *claim;* leurs noms doivent être portés sur la liste, qu'ils l'aient demandé ou non.

En général ce sont, comme pour les comtés, les *overseers* (inspecteurs des pauvres) qui dressent les listes électorales; mais dans les villes où il existe aussi des droits réservés, ce sont les *town clerks* qui sont chargés de ce soin pour les *freemen*, et dans la cité de Londres, ce sont les *clerks* des différentes corporations (*liveries*) qui doivent dresser les listes des *freemen* et des *liverymen*.

Toutes les listes d'un bourg, lorsqu'elles ont été revisées par le *barrister*, doivent être immédiatement remises au *returning officer* du bourg (magistrat chargé de faire procéder à l'élection, de la diriger ou de la présider) qui les transcrit sur un livre. Ce livre doit être clos par le *returning officer* au plus tard le 30 octobre et reste sous sa garde. — Il devient le *register* des électeurs du bourg pour toutes les élections qui pourraient avoir lieu dans le courant de l'année qui suit la confection définitive des listes, et à compter du 30 octobre.

Nouvelles conditions électorales de l'Écosse et de l'Irlande.

Les nouveaux droits électoraux des Écossais résultent du 65ᵉ chapitre des statuts 2 et 3 de Guillaume IV; ceux des Irlandais du 88ᵉ chapitre des mêmes statuts.

En Écosse, la plupart des comtés nomment chacun un député, mais on en réunit quelquefois deux pour une seule élection. Il y a 30 députés pour 33 comtés. — Quant aux 23 députés des bourgs, il y en a 2 pour Édinburgh, 2 pour Glascow et 1 seulement pour Aberdeen, Paisley, Dundee, Greenock, Perth; 14 sont nommés par les districts de villes, composés d'un certain nombre de villes (de trois à sept).

Les droits des *freeholders* sont conservés leur vie durant; mais leur vie durant seulement, contrairement à ce qui se passe en Angleterre et en Irlande, où ces droits continuent de subsister même pour ceux qui les acquerront à l'avenir. Cette différence vient sans doute de ce que le système électoral antérieur à la réforme, étant beaucoup plus défectueux encore en Écosse qu'en Angleterre et en Irlande, les droits acquis y étaient moins respectables.

Seront électeurs à l'avenir : tous les propriétaires de biens immeubles produisant un revenu annuel de dix livres sterling, et il ne sera pas permis de séparer le droit de vote du droit de propriété ;

Le droit de vote appartiendra aussi aux fermiers qui ont un bail d'au moins 27 ans, ou un bail *à vie*, sous la condition que ce bail produira pour le fermier, déduction faite de la rente et de toute autre charge, un revenu annuel d'au moins dix livres. — Le fermier d'un bail de 19 ans jouit également du droit de vote, si le revenu net qu'il tire de son fermage est non plus seulement de dix livres mais de cinquante livres sterling.

Dans les villes, le droit de vote cesse d'appartenir exclusivement aux conseils municipaux et aux délégués de ces conseils[1]. Il appartient aux habitants, *occupants of houses*, dont le loyer est d'au moins dix livres sterling.

En Écosse, ce sont les sheriffs qui statuent sur les réclamations électorales, tant pour les villes que pour les comtés, sauf appel aux cours de *circuit*.

En Irlande, les anciens droits des *freeholders* payant 40 schellings sont respectés comme en Angleterre. — La capacité électorale appartient à tous ceux qui sont *freeholders* de 40 schellings ou *freemen*, ou qui le deviendront conformément aux lois et usages existant au moment de la réforme.

1° Le droit de vote a en outre été étendu :

---

1. Il était d'usage en Écosse, avant la Réforme, que le candidat se fît conférer la qualité de Délégué et allât ainsi se nommer lui-même au chef-lieu du canton.

Dans les comtés :

Aux locataires ou fermiers, *lease holders*, qui toutes rentes et charges déduites, tirent de l'immeuble un produit d'au moins dix livres s'il s'agit d'un bail de soixante ans, d'au moins vingt livres si le bail n'est que de quatorze ans;

2° Aux *copy holders* de dix livres sterling.

Dans les villes :

Aux *freeholders* de dix livres,

Aux *leaseholders* de vingt livres,

Aux *householders* de dix livres.

Les difficultés électorales sont résolues par un *barrister*, sauf appel aux juges des assises.

Incapacités et restrictions apportées au droit d'élire.

1º Aucun pair (excepté un pair irlandais, ne faisant pas partie de la Chambre des lords) ne peut voter aux élections pour la Chambre des communes;

2º Les fous, les idiots, les mineurs de 21 ans, les étrangers et les femmes ne peuvent voter;

3º La même interdiction existe pour les personnes convaincues de parjures, de subornation de parjures, de corruption électorale, de félonie ou de mise hors la loi dans une poursuite criminelle.

4º Ne confèrent pas le droit de vote pour les comtés, les transmissions de propriété faites frauduleusement en vue des élections. Ces transactions sont nulles au point de vue électoral et cependant, comme sanction pénale, elles transfèrent réellement la propriété. — Ceux qui préparent ou exécutent l'acte frauduleux de transmission et ceux qui votent en usant d'un pareil acte, sont passibles d'une amende de 40 livres sterling.

5º Aucune personne ne peut voter pour un comté, incorporé ou non, en vertu d'une rente ou annuité résultant d'un *freehold*, à moins d'un enregistrement préalable de ladite rente ou annuité par le *clerk of the peace* (s'il s'agit d'un comté ordinaire) ou par le *town clerk* (s'il s'agit d'un comté incorporé), conformément aux dispositions du 3ᵉ statut de George III, c. 24.

6⁰ Pour prévenir le morcellement des *freeholds*, une personne seulement peut être admise à voter pour chaque maison ou *tenement*. Mais cette règle n'étant posée que pour empêcher qu'on n'effectue le morcellement dans l'espoir d'acquérir à bon marché le droit électoral, elle ne s'étend pas au cas où la division s'opère par le fait même de la loi, comme dans les transmissions d'héritages.

7⁰ Ne pourront voter, sous peine de cent livres sterling d'amende, les magistrats de la police métropolitaine (dans les limites de leur ressort), les personnes employées dans l'administration ou dans la collection des droits d'*accise* (régie), de douane, timbre, sel, etc.

8⁰ Aucune personne employée et payée par un candidat à une élection, ne peut voter à cette élection.

9⁰ Dans une cité ou bourg, ne peut être porté sur le *register* de l'année celui qui, dans les douze mois qui ont précédé le 1ᵉʳ juillet, a reçu des secours ou aumônes, sur les fonds de la paroisse.

10° Nul ne peut voter dans une élection de comté, si la propriété en vertu de laquelle il aurait ce droit est telle qu'elle le lui confère également dans un bourg.

Conditions requises pour être éligible à la Chambre des communes.

Ces conditions résultent les unes des statuts, les autres des coutumes du Parlement implicitement sanctionnées par la Chambre des communes.

1° Ne peuvent être membres des communes :

Les étrangers, même naturalisés (St. 12 et 13 W. III, c. 2, et St. 2, G. I, c. 4); les mineurs de 21 ans; — c'est une règle posée par la Chambre des communes et par les statuts 7 et 8, W. III, c. 25, s. 8; — les idiots ou fous; les personnes poursuivies pour trahison ou *felony*. — Il faut ajouter que la corruption électorale prive celui qu'elle a fait nommer du droit de représenter au Parlement la localité où la fraude a été commise. — Lorsqu'un membre de la Chambre des communes est déclaré *bankrupt*, il perd, pendant les douze mois qui suivent, le droit de siéger et de voter, à moins qu'avant l'expiration de ce délai ses dettes n'aient été payées ou que le payement n'en ait été garanti; à moins qu'il ne soit intervenu ce que la loi anglaise appelle *the fiat be superseded* (un sursis). — Si le délai expiré, aucun de ces résultats n'a été obtenu, le siége devient vacant.

2° Ne peuvent être membres des Communes :

Les pairs, excepté les pairs irlandais non élus à la Chambre des lords, qui peuvent être nommés par tout comté ou bourg de la Grande-Bretagne, c'est-à-dire d'Angleterre, de Walles et d'Écosse. Aux termes de l'article 4 de l'acte d'union, un pair d'Irlande peut être membre des Communes pour la Grande-Bretagne; mais dans ce cas non-seulement il ne peut être élu à la Chambre des lords, il ne peut pas même voter pour les élections des pairs d'Irlande. Tant qu'il reste membre de la Chambre des communes, il est à tous égards, et nonobstant son titre de lord, un simple *commoner*; et s'il se trouve impliqué dans un procès, il est jugé comme tel ;

Les juges des trois grandes cours du banc de la reine, des plaids communs et de l'Échiquier (*Queen's Bench*, *common pleas*, *Exchequer*) et ceux des cours analogues d'Écosse et d'Irlande; mais les simples juges de paix, *justices of the peace*, peuvent être élus ;

Les membres du clergé établi, les ministres de l'Église d'Écosse et les ministres catholiques. Cette exclusion ne se justifie que pour les membres du clergé établi qui sont représentés à la Chambre des lords par les évêques, mais la même raison n'est pas applicable aux presbytériens et aux catholiques;

Les magistrats de police ;

3° Les sheriffs des comtés, les maires ou baillis des bourgs ne sont pas éligibles dans le lieu de leur juridiction ; ils peuvent être élus partout ailleurs.

4° Sont inéligibles :

Tous ceux qui tiennent, par eux-mêmes ou par leur *trustee* (mandataire) un emploi ou office de la couronne créé depuis le 25 octobre 1705 ; les gouverneurs des colonies, les employés des secrétairies d'État, de l'administration militaire, de la marine, de la trésorerie (les lords commissaires exceptés); ceux des bureaux de la régie, du timbre, de la douane, de l'accise, chargés du recouvrement de tous les droits et taxes créés depuis 1792 ; les commissaires, secrétaires et receveurs pour les prises maritimes, et bien d'autres possesseurs d'offices qu'il serait trop long d'énumérer et qui sont exclus sans motif.

5° et 6° Sont également inéligibles : Ceux qui ont passé un contrat avec le gouvernement pour un service public : mais là encore il y a quelques exceptions. — Et ceux qui reçoivent de la couronne une pension facultative ou temporaire.

7° Quiconque, déjà membre de la Chambre des communes, accepte de la couronne un emploi lucratif (excepté un officier dans l'armée de terre ou dans la marine obtenant une nouvelle commission) perd son siége au Parlement. Mais s'il s'agit d'un office antérieur à 1705, il peut être réélu.

8° Pour être éligible, il faut avoir un revenu de 600 livres sterling pour les comtés, de 300 pour les bourgs. — Cette condition fut décrétée par le 9° statut de la reine Anne (c. 5, section 1), et alors ce revenu devait être le produit d'un immeuble. Les 1er et 2e statuts de la reine Victoria (c. 48), tout en reproduisant cette disposition, déclarent qu'un revenu mobilier suffit, pourvu que les objets mobiliers ou l'industrie dont on tire ce revenu soient situés dans le Royaume-Uni.

Tout candidat ou membre élu doit — s'il en est requis — déclarer (soit au moment même où il se présente aux suffrages, soit dans la Chambre des communes avant que la validité de son élection ait été vérifiée) qu'il remplit toutes les conditions requises pour être éligible et donner le détail de son revenu. S'il a sciemment fait une fausse déclaration, il est déclaré coupable de *misdemeanor*.

Le cens d'éligibilité n'est cependant pas exigé des membres des universités d'Oxford et de Cambridge ni de ceux du collége de la Trinité, de Dublin. — Il ne l'est pas non plus des fils ou héritiers de pairs.

Un statut de Henry V (de l'an 1413) voulait, conformément à l'ancien esprit des institutions, que les élus dussent être habitants de la ville ou du comté qui les nommait. Depuis longtemps tombée en désuétude, cette règle a été enfin abrogée par le 14ᵉ statut de George IV, chapitre LVIII.

(Voir page 143, n. 1, ce qui concerne la prestation préalable de serment exigée des membres de la Chambre des lords comme des membres de la Chambre des communes.)

Comment on procède aux élections[1].

Cette matière est réglementée par divers statuts et notam
ment par l'acte de réforme. Voici les règles établies pour
l'Angleterre et le comté de Galles :

1. En France, du 1er au 10 janvier de chaque année, le maire de
chaque commune est chargé de la rectification des listes électorales. La
liste rectifiée est déposée, au plus tard, le 15 janvier au secrétariat de la
commune. Cette liste est communiquée à tout requérant, qui peut la
copier et la faire imprimer. Une copie de la liste et du procès-verbal
constatant l'accomplissement de toutes les formalités, est transmise au
sous-préfet qui, dans les deux jours, doit l'adresser au préfet. Le préfet peut déférer les opérations du maire au conseil de préfecture, qui
doit statuer dans les trois jours et fixer, s'il y a lieu, le délai dans lequel
les opérations annulées devront être faites. Les demandes en inscription ou en radiation devront être formées dans les dix jours, à compter
de la publication des listes. Le juge de paix donne avis des infirmations
par lui prononcées au préfet et au maire dans les trois jours de la décision. — Le 31 mars de chaque année, le maire opère toutes les rectifications régulièrement ordonnées, transmet au préfet le tableau de ces
rectifications et arrête définitivement la liste électorale de la commune.
La liste électorale reste jusqu'au 31 mars de l'année suivante telle
qu'elle a été arrêtée. (Décret réglementaire pour l'élection des députés
au Corps législatif, du 2 février 1852, art. 1, 2, 3, 4, 5, 6, 7 et 8.)
— Les colléges électoraux et les sections sont présidés par les maires,
adjoints et conseillers municipaux de la commune. Le bureau de chaque

Le lord chancelier, lorsqu'il s'agit d'élections générales,
— ou le *speaker* (président de la Chambre des communes)
par l'ordre de la Chambre si une vacance survient durant la session du Parlement, ou bien encore le *speaker*
sans ordre de la Chambre si la vacance arrive par décès ou
par suite d'une promotion à la pairie, — envoie son *warrant*,
invitation, au *clerk of the crown in chancery*, qui, sur le vu

collége ou section est composé d'un président, de quatre assesseurs
choisis, suivant l'ordre, du tableau, parmi les conseillers municipaux
sachant lire et écrire, et d'un secrétaire. A leur défaut, les assesseurs
sont les deux plus âgés et les deux plus jeunes électeurs présents sachant écrire (le secrétaire, choisi par le bureau parmi les électeurs, n'a
pas voix consultative). Trois membres du bureau au moins doivent être
présents pendant tout le cours des opérations électorales. Le bureau
prononce provisoirement sur les difficultés qui s'élèvent touchant les
opérations du collége ou de la section. Ses décisions sont motivées dans
un procès-verbal. — Pendant toute la durée des opérations électorales,
une copie officielle de la liste des électeurs, contenant les noms, domicile et qualifications de chacun des inscrits, reste déposée sur la table
autour de laquelle siége le bureau. Tout électeur inscrit sur cette liste
a le droit de prendre part au vote. — Les électeurs sont appelés successivement, par ordre alphabétique. Ils apportent leur bulletin préparé
en dehors de l'assemblée. Le papier du bulletin doit être blanc et sans
signes extérieurs. A l'appel de son nom, l'électeur remet au président
du collége électoral (ou de la section) son bulletin fermé. Le président
le dépose dans la boîte du scrutin, laquelle, avant le commencement
du vote, doit avoir été fermée à deux serrures dont les clefs restent,
l'une entre les mains du président, l'autre entre celles du scrutateur le
plus âgé. — Le vote de chaque électeur est constaté par la signature ou
le parafe de l'un des membres du bureau, apposé sur la liste, en
marge du nom du votant. Le scrutin reste ouvert pendant deux jours,
le premier jour de huit heures du matin jusqu'à six heures du soir, et
le second jour depuis huit heures du matin jusqu'à quatre heures du
soir. — Les boîtes du scrutin sont scellées et déposées pendant la nuit
au secrétariat ou dans la salle de la mairie. Les scellés sont également
apposés sur les ouvertures de la salle où les boîtes ont été déposées. —
Après la clôture du scrutin, il est procédé au dépouillement de la manière suivante : La boîte du scrutin est ouverte et le nombre des bulle-

de ce *warrant*, délivre au sheriff de chaque comté des *writs* (ordres de convocation), pour l'élection de tous les membres qui doivent représenter le comté et chaque cité ou bourg qui en fait partie (le comté ou bourg particulier, s'il s'agit d'une vacance isolée). — Dans les trois jours de la réception du *writ*, le sheriff envoie, sous son sceau, aux *returning officers* son *precept* (réquisitoire), qui ordonne d'élire le ou les

tins vérifié. Si ce nombre est plus grand ou moindre que celui des votants, il en est fait mention au procès-verbal. Le bureau désigne parmi les électeurs présents un certain nombre de scrutateurs sachant lire et écrire, lesquels se divisent par tables de quatre au moins. Le président répartit entre les diverses tables les bulletins à vérifier. A chaque table, l'un des scrutateurs lit chaque bulletin à haute voix et le passe à un autre scrutateur; les noms portés sur les bulletins sont relevés sur des listes préparées à cet effet.—Les bulletins blancs, ceux ne contenant pas une désignation suffisante ou dans lesquels les votants se font connaître, n'entrent point en compte dans le résultat du dépouillement, mais ils sont annexés au procès-verbal.— Le président et les membres du bureau surveillent l'opération du dépouillement. Immédiatement après le dépouillement, le résultat du scrutin est rendu public, et les bulletins autres que ceux qui, conformément aux articles 16 et 30 doivent être annexés au procès-verbal, sont brûlés en présence des électeurs. — Les procès-verbaux des opérations électorales de chaque commune sont rédigés en double. L'un de ces doubles reste déposé au secrétariat de la mairie; l'autre double est transmis au sous-préfet de l'arrondissement qui le fait parvenir au préfet du département. Le recensement général des votes étant terminé (au chef-lieu du département), le président de la commission, composée de trois membres du Conseil général (à Paris de cinq), fait connaître le résultat. Il proclame député au Corps législatif celui des candidats qui a obtenu la majorité absolue des suffrages. — Si aucun des candidats n'a obtenu la majorité absolue et le vote en sa faveur du quart au moins des électeurs inscrits, l'élection est continuée au deuxième dimanche qui suit le jour de la proclamation du résultat du scrutin. Aussitôt après la proclamation du résultat des opérations électorales, les procès-verbaux et les pièces y annexées sont transmis, par les soins des préfets et l'intermédiaire du ministre de l'intérieur, au Corps législatif (*idem*, art. 12, 13, 14, 15, 16, 17, 18, 21, 22, 23, 25, 26, 27, 28, 31, 33, 34, 35, 36 c 37).

députés. Le *returning officer*, dans les huit jours de la réception du *precept*, doit procéder à l'élection, après en avoir donné avis aux électeurs, au moins trois jours francs d'avance. — Le sheriff lui-même doit procéder en personne aux élections des *knights of the shire*, et en vertu du statut 25 de George III, chapitre LXXXIV, dans les deux jours de la réception du *writ*, il doit faire connaître par une proclamation le lieu où se tiendra la cour du comté, *county court*, dans laquelle on procédera aux élections, et en fixer le jour à son choix, mais en exceptant le dimanche. Il faut toutefois que ce jour soit le dixième au plus tôt et le seizième au plus tard, à compter de la proclamation.

Les élections ont lieu à l'époque qui a été ainsi fixée.

Le lieu principal où doivent se faire les élections dans les *comtés* est déterminé par la loi[1]; — et le comté est divisé en districts afin d'éviter que les électeurs aient à se transporter à une distance de plus de 15 milles.

Le sheriff préside à l'élection. Les candidats ont dû préalablement se faire connaître, et si leur nombre ne dépasse pas celui des députés à élire, le *poll* (scrutin) n'est pas ouvert, et les candidats sont proclamés députés. Si au contraire, il y a contestation, c'est-à-dire s'il se présente plus d'un candidat pour une place vacante, des *polling booths* (baraques à voter) sont élevées à chaque place d'élection, et le scrutin commence pour les différents endroits, à 9 heures du matin, le troisième jour après celui fixé pour l'élection (*the next day but two after the day fixed for the election*), à moins que ce troisième jour ne soit un samedi ou un

---

1. Voir Reform act. 2, W. IV, c. 45, s. 12, 13, 14 et 16, et Boundary act. 2 et 3, W. IV, c. 64.

dimanche, auquel cas l'élection ne commencerait que le lundi suivant. — En France, c'est précisément le dimanche qui est toujours choisi pour les élections qui, durant deux jours, ont lieu soit le samedi et le dimanche, soit le dimanche et le lundi [1].

Dans les districts, c'est le *deputy* du sheriff qui préside.— Les votes sont reçus par des *poll clerks* désignés à cet effet par le sheriff. — Le *clerk* a un *poll book* (livre de vote) pour chaque candidat *et il y inscrit les noms de ceux qui votent pour ce candidat.* Le vote est publié.

Le scrutin qui, autrefois se prolongeait pendant quatorze jours, ne doit maintenant durer que deux jours de suite, être ouvert à 7 heures du matin le premier jour, à 8 heures le second et être clos à 4 heures du soir.

Le surlendemain (*next day but one*) de la clôture du scrutin, — à moins que ce surlendemain ne soit un dimanche, auquel cas l'opération serait reculée au lundi — le sheriff ouvre les livres de vote, déclare le nombre des suffrages pour chaque candidat et proclame le membre ou les membres élus. — Le tout doit être terminé à 2 heures de l'après-midi au plus tard.

Dans les *boroughs*, l'élection est présidée par le *returning officer* (le sheriff dans le *borough* qui est *county of itself*,) le maire, ou bien dans certaines localités par d'autres personnes auxquelles d'anciens usages confèrent ce droit. — Si l'élection est contestée, des *polling booths* sont dressées dans les différentes paroisses ou dans les districts dont la réunion

----

1. Décret réglementaire pour l'élection au Corps législatif, du 2 février 1852, art. 0.

constitue le borough. — Dans la cité de Londres, les *liverymen* votent à l'hôtel de ville (*Guildhall*). Il y a autant de présidents et de *poll clerks* que de *booths*.

Le scrutin doit, dans les *boroughs*, commencer à 8 heures du matin, le *lendemain* du jour fixé pour l'élection et ne doit durer qu'*un* jour. — Il n'est ouvert que jusqu'à 4 heures du soir, et n'a jamais lieu le dimanche. — Le lendemain de la clôture du *poll* (et si ce lendemain est un dimanche, le lundi), le *returning officer* ouvre les *polling booths*, déclare l'état du *poll* et proclame le membre ou les membres élus ; l'opération doit être terminée à deux heures au plus tard, comme pour les comtés. — Mais le *returning officer* a un pouvoir discrétionnaire pour présider au dépouillement du scrutin immédiatement après sa clôture.

Quant à la manière de recevoir les suffrages dans le *borough* de Montmouth et d'autres bourgs du pays de Galles, auxquels sont joints des bourgs contributoires, des règles particulières sont tracées par l'acte de réforme, St. 74, s. 8, schedule E.

Il reste à faire au sujet des élections quelques remarques qui sont communes aux comtés et aux bourgs d'Angleterre et du pays de Galles :

1º Nul ne peut voter s'il n'est inscrit sur le *register* des électeurs ; mais s'il y est porté, sa *qualification* ne peut être mise en doute ni discutée au moment de l'élection. Il est seulement permis aux candidats ou à leurs représentants de poser à l'électeur les questions suivantes : est-il identiquement celui qui est inscrit sur le registre ou sous le nom duquel il se présente ; n'a-t-il pas déjà voté ; a-t-il toujours les qualités exigées de ceux qui sont portés sur la liste électorale ? — Il peut même être requis de répondre aux deux premières questions sous la foi du serment. Il n'est exclu que s'il refuse de répondre ou de prêter serment, ou s'il se condamne par ses propres réponses.

2° Même observation à l'égard du serment contre la corruption (*oath against bribery*), qui peut être déféré à tout électeur soit par un candidat, soit par deux électeurs; mais l'électeur ne peut plus être requis, comme autrefois, de prêter le serment d'allégeance et autres du même genre.

3° Exception est faite à la règle que nul ne peut voter s'il n'est inscrit sur le *registre*, à l'égard de ceux qui ont été effacés par décision du *barrister*, chargé de la révision des listes. Ceux-là peuvent voter s'ils le demandent, mais mention est faite de la condition dans laquelle ils se trouvent. Leurs votes ne sont pas comptés lors du dépouillement du scrutin; seulement, si des réclamations s'élèvent plus tard au sujet de l'élection, dans le comité de la Chambre des communes chargé de la vérification, les votes des personnes effacées par le *barrister* peuvent être admis, si le comité pense que la radiation a été faite à tort.

4° Dans l'intérêt de la liberté absolue de l'élection, les troupes doivent être à une distance de deux milles au moins du lieu où elle se fait; on excepte cependant les gardes royaux à Westminster et à Southwark, les troupes de service auprès du roi ou de la reine, celles qui sont en garnison, et les soldats qui ont le droit de voter.

Les décisions de la Chambre des communes relatives aux élections contestées, défendent aux lords du Parlement, au lord lieutenant d'un comté, au lord gardien des cinq ports, aux officiers de l'excise des douanes, du timbre et de certaines autres branches des revenus publics, aux juges de paix (*justices of the peace*) et autres officiers nommés en vertu de l'acte de police métropolitaine, de s'immiscer dans les élections.

Une émeute ou *riot* annule l'élection. — S'il se produit, pendant le cours d'une élection, quelque trouble, violence ou émeute, le *sheriff* ou le *returning officer* ajournera la continuation des opérations au lendemain ou à un jour plus éloigné.

5° De nombreux actes du Parlement ont eu pour but — mais sans l'atteindre — d'empêcher la corruption (*bribery*). Les deux premiers sont les statuts 7 de Guillaume III, c. 4, communément appelés *the treating act*, et 5 et 6 de Victoria, c. 102. — Le corrupteur et le corrompu sont, l'un et l'autre, passibles d'une amende de 500 livres sterling ; le premier est considéré comme n'ayant pas été élu, et le second perd pour toujours le droit de voter. Aussi le *sheriff* ou le *returning officer* doivent-ils jurer avant de procéder aux opérations électorales, non-seulement de bien remplir leurs fonctions, mais de rester incorruptibles.

L'élection terminée, le *returning officer* dans les bourgs renvoie (*returns*, de là son nom) au sheriff du comté le *precept* ou ordre d'élire qu'il en a reçu. Le sheriff le transmet au *clerk* de la couronne, à la chancellerie, avec le *writ* qui lui avait été adressé à lui-même. Ces *precepts* et *writs* sont accompagnés du résultat de l'élection. — Présomption est due à la déclaration du sheriff et du *returning officer*, et elle ne peut être contestée que devant le comité de la Chambre des communes chargé de la vérification des pouvoirs. — Le sheriff ou le *returning officer* qui aurait sciemment

transmis à la chancellerie un résultat faux et inexact, serait passible d'une amende de 500 livres sterling envers la
partie lésée.

C'est par voie de *petition* que l'on peut contester, devant
la Chambre des communes, la validité d'une élection.

Autrefois et en vertu du *Grenville act.* (St. 10, G. III,
c. 16), c'était la Chambre entière qui statuait sur ces contestations. Mais aujourd'hui c'est l'acte de Victoria, 4 et 5,
c. 58, qui est applicable.—En vertu de cet acte, toute personne prétendant qu'elle aurait dû être admise à voter,
qu'elle a été candidat ou qu'elle aurait dû être élue, peut
adresser une pétition à la Chambre des communes pour se
plaindre d'une élection. — Le membre élu a le droit de former opposition à cette pétition. La Chambre renvoie la contestation à une commission choisie dans ce but (*select committee*). C'est là qu'elle est examinée. — Le *select committee*
a le pouvoir de faire comparaître des témoins sous la foi du
serment, pouvoir qui n'appartient pas à la Chambre elle-
même.—La décision du *select committee* est définitive, et le
rapport qui en est fait à la Chambre ·réunie n'est qu'une
formalité. — Cette décision est mentionnée dans le journal
de la Chambre des communes.—Le *select committee* se prononce aussi sur les *dépens* et les met à la charge de l'auteur de la pétition si ses objections sont reconnues mal
fondées.

Comment se fait la loi en Angleterre.

L'initiative des lois n'appartient en Angleterre, qu'aux membres de l'une des deux Chambres. Toutes les lois, dans l'origine, étaient présentées au Parlement anglais sous forme de pétitions, et c'est encore sous cette forme que l'on présente aujourd'hui les lois d'un intérêt purement privé. C'est sous Édouard II que les communes commencèrent à annexer des pétitions aux bills par lesquels elles accordaient au roi les subsides qu'il leur demandait. Sous Henry IV, elles refusèrent d'accorder des subsides avant qu'une réponse eût été faite à leurs pétitions. — Ce n'est que sous Henry VI que l'usage s'est introduit de donner aux bills la forme d'*acte* et non plus de pétitions. — Souvent, dans l'origine, le roi modifiait les pétitions des communes. Un statut de 1354 défend expressément de modifier en aucune manière un *acte* après qu'il a été fait, à moins que le consentement des deux Chambres n'intervienne.

Lorsqu'un bill est présenté à la Chambre des communes, il est lu une première fois par le *speaker* (président), qui expose à la Chambre l'objet de ce bill, déjà distribué à tous

les membres et qui pose la question de savoir s'il sera
passé outre. Dans le cas où le vote est affirmatif (et il l'est
presque toujours, l'usage n'étant pas de discuter sur la première lecture qui, en effet, n'est qu'une formalité), il est
procédé à une seconde lecture, à la suite de laquelle le bill
est ou n'est pas *committed*. Lorsque les bills ont une grande
importance, la commission n'est autre que la Chambre entière (*a committee of the whole house*). En commission, ce n'est
plus le *speaker* qui préside, c'est un membre de la Chambre
nommé *ad hoc*, et jouissant d'un traitement : on l'appelle *the
chairman of the committees*[1]. Le bill est discuté article par
article dans le sein du comité, et les amendements y sont
proposés, adoptés ou repoussés. Après quoi le *chairman*
fait sur le bill un rapport à la Chambre, qui vote sur chaque article et sur chaque amendement; puis le bill est
grossoyé (*engrossed*), c'est-à-dire écrit en gros caractères
sur un ou plusieurs rôles, ou bandes de parchemin cousues
ensemble. Cela fait, le bill est lu une troisième fois. Des
amendements peuvent encore être présentés lors de cette
dernière lecture, et si une nouvelle clause y est ajoutée, on
attache au bill un morceau de parchemin séparé, appelé un
rider. Enfin le *speaker* pose la question de savoir si le bill
passera[2]; si elle est résolue affirmativement, on vote le titre

---

1. Lorsque la Chambre se forme en comité, le *speaker* quitte la salle
des séances. — Le déplacement de la masse d'armes, qui doit toujours
accompagner le *speaker* comme le président de la Chambre des lords,
indique que la Chambre se forme en comité.

2. Lorsqu'on a annoncé qu'il va être procédé à un vote, le président
retourne un sablier, et les portes de la salle des séances sont fermées
dès qu'il a cessé de couler, c'est-à-dire au bout de quelques minutes.
— Le président demande alors quels sont ceux qui votent pour et quels
sont ceux qui votent contre. S'il y a doute, il dit : *The ayes to the*

de la loi, et un membre est désigné pour porter le bill à la Chambre des lords ; il le remet au président qui, pour le recevoir, descend de son fauteuil. Si la Chambre des lords repousse le bill, il n'est pas donné avis de ce rejet à la Chambre des communes. Si, au contraire, le bill est accepté par la Chambre des lords, un message, porté par deux *masters in chancery*, ou même, dans les occasions solennelles, par deux juges de l'une des trois grandes cours, en informe la Chambre des communes. Il est à remarquer que les messages de la Chambre des communes sont portés aux lords par des membres de cette Chambre, tandis que ce ne sont pas des lords qui portent aux communes les messages de la Chambre haute.

Le bill qui a été repoussé par l'une des deux Chambres ne peut plus être représenté dans le cours de la même session.

Les bills, excepté ceux qui ont trait aux impôts, et qui non-seulement doivent d'abord être présentés à la Chambre des communes, mais ne peuvent être amendés par celle des lords, les bills peuvent être indistinctement soumis à l'une ou à l'autre Chambre, et doivent subir les mêmes formalités. — Les membres écossais ont l'habitude de discuter dans des *private parliaments of their own*, les bills qui concernent l'Écosse et qui sont ensuite votés à la fin des séances et presque toujours sans opposition. — Les dissentiments entre les deux Chambres sont réglés par des membres choisis par elle [1].

right, the noes to the left, » puis il désigne deux *tellers* (scrutateurs) de chaque opinion pour compter les votes. — Ce soin est réservé, en France, aux secrétaires du Sénat et du Corps législatif.

1. L'union de l'Irlande ne date que du 1ᵉʳ janvier 1801. Trente-deux pairs irlandais, dont quatre spirituels, et cent députés entrèrent dans le

Les bills adoptés par les deux Chambres restent déposés dans la Chambre des lords jusqu'à l'assentiment du roi, excepté lorsqu'il s'agit d'une loi d'impôt (*bill of supply*) qui doit être déposée à la Chambre des communes. Après la sanction royale, le bill devient *act* du Parlement. Le clerk du Parlement écrit à la suite de l'intitulé de l'*act* la date du *royal assent*, et la mention qu'il fait ainsi devient la date et forme une partie constitutive de l'acte (St. 33, George III, c. 13) ¹. Les actes sont alors placés dans les archives du

Parlement britannique qui devint le seul Parlement des trois royaumes; l'Irlande resta chargée de sa dette ; pendant vingt ans, elle ne dut contribuer aux charges publiques que dans la proportion de 1/17, tandis que la part de l'Angleterre fut de 45/17, et le Parlement demeura libre d'établir ensuite de nouvelles proportions. — Les lois et les cours de juridiction furent maintenues, mais on réunit les églises des deux royaumes.

1. La sanction royale se donne de deux manières : ou par le souverain en personne, ou par lettres patentes. Dans le premier cas, le souverain, portant la couronne et les vêtements royaux, se rend à la Chambre des lords, et les communes sont mandées à la barre comme pour les séances d'ouverture du Parlement; les intitulés des *bills* qui ont été adoptés par les deux Chambres sont lus, et le *clerk of the Parliament* (le plus élevé en grade des officiers de la Chambre des lords) prononce la réponse du souverain en français-normand ; c'est un usage qui a survécu pour la formule de sanction, bien qu'il ait été abandonné pour les bills mêmes, depuis l'avénement de Richard III. — Lorsqu'il s'agit d'un bill d'intérêt général, la formule est : « *Le Roy le veult ;* » s'il s'agit d'un bill d'intérêt privé : « *Soit fait comme il est désiré ;* » et en cas de refus : « *Le Roy s'advisera.* » — Les lois de finance sont présentées au souverain par le président de la Chambre des communes (le speaker), et la sanction royale est donnée en ces termes : « *Le Roy remercie ses loyals subjects, accepte leur bénévolence et aussi le veult.* » — La Reine se fait ordinairement remplacer, pour la promulgation des lois, par une commission royale que préside le lord grand chancelier; et les formalités indiquées ci-dessus s'accomplissent comme si elle était présente.

Lorsque le souverain donne son assentiment par lettres patentes, la formule de la sanction est : « *C'est mon bon plaisir que ces bills deviennent actes du Parlement.* »

royaume (*records of the Kingdom*), et il n'est pas besoin de promulgation expresse pour les rendre exécutoires. On les publiait autrefois dans les cours de comtés ; mais aujourd'hui l'impression qui en est faite paraît suffisante pour en répandre la connaissance. Les *public bills* sont publiés à 5,500 exemplaires. (V. p. 311), ce qui concerne les bills d'intérêt privé. Toutes les lois d'une session ne forment qu'un seul statut ; chacun des *acts* forme un chapitre du statut, et le statut est désigné par l'année du règne du souverain.

La décentralisation administrative ne permettant pas aux ministres anglais de fournir exactement aux Chambres les renseignements et les documents de nature à éclairer les discussions, des *commissions d'enquête*, composées ordinairement de membres du Parlement et de fonctionnaires administratifs, sont nommées d'un commun accord par le gouvernement et par les deux Chambres. Ces commissions, qui sont largement rétribuées, reproduisent dans leurs rapports tous les faits résultant de l'enquête à laquelle elles se sont livrées, et ce rapport remplace l'*exposé des motifs* qui accompagne en France chaque projet de loi et que rédige le conseil d'État.

L'en-tête de l'ordre du jour (*paper of the business of the evening*) est en latin. Les Anglais disent « paper of the *evening*, » les séances ayant presque toujours lieu le soir (elles commencent vers cinq heures et se prolongent souvent très-tard dans la nuit ; cependant, les bills et les pétitions d'intérêts privés sont ordinairement discutés de midi à trois heures). Le

règlement des deux chambres est au surplus plein de bizarreries; mais celui des Communes est plus singulier encore
que celui des Lords. Les peines que la Chambre des communes peut infliger à ses membres sont : le rappel à l'ordre,
l'amende, l'emprisonnement, l'exclusion, *l'obligation de demander pardon à genoux*, etc. — Il est d'usage qu'un orateur
ne parle qu'une fois dans une séance ; mais l'auteur d'une
proposition, qui doit préalablement la faire imprimer, peut
prendre deux fois la parole [1]. — En France, il n'y a aucune
autre restriction, dans le règlement, que celle de la volonté
de la Chambre, excepté lorsqu'il s'agit de parler contre la
clôture demandée d'une discussion. Dans ce cas, la parole
ne peut être accordée qu'à un seul orateur. (R. du 3 février 1861, art. 64.) — V. p. 156, n° 2.

Un membre des Communes ne peut donner sa démission.
On y supplée par la déclaration qu'il accepte d'être gardien
des *chiltern hundreds* (petit domaine royal), office purement
nominal. — L'acceptation de cet emploi prétendu oblige à
une réélection à laquelle ne se présente pas le démission-
naire. — Cet usage paraît remonter à l'année 1750.

1. L'aspect de la Chambre des communes est loin d'être imposant.
Le *speaker* est revêtu d'une espèce de simarre noire et porte, comme
les deux *clerks*, une longue perruque *poudrée ;* mais les autres membres
de la Chambre — qui est si petite qu'on a peine à comprendre qu'elle
puisse jamais contenir 658 députés — s'y tiennent avec le plus étrange
sans-façon et le chapeau sur la tête. On ne doit ôter son chapeau que
pour parler.

Le *speaker*, ou président de la Chambre des communes, élu par elle, est ainsi nommé parce que, dans l'origine, c'était lui qui parlait au nom de la Chambre. Il doit encore, à l'ouverture de chaque session, réclamer du souverain la liberté de la parole[1]. Cet usage, qui n'est depuis longtemps qu'une formalité, remonte au règne de Henri IV. — C'est aussi à lui que les orateurs doivent adresser la parole, et non pas à la Chambre. Le *speaker* ne prend part personnellement ni aux délibérations ni aux votes. Cependant, en cas de partage, il peut déterminer par son vote la majorité.

Le président du Corps législatif est logé aux frais de l'État, et reçoit une indemnité de 130,000 fr. par an. Le *speaker* a un traitement de 5,000 liv. sterl. (125,000 fr.) et est également logé. Il perçoit en outre certains droits sur les *bills* d'intérêt privé. V. p. 311. — La Chambre des communes n'a ni vice-présidents ni secrétaires; les procès-verbaux des séances sont rédigés par les *clerks* de la Chambre, nommés à vie par elle.

---

1. Le premier *speaker* dont il soit fait mention est sir Thomas Hungerford, *qui avait les paroles des communes* au parlement de l'an 5 d'Édouard III (1377).

IV

LA CHAMBRE DES LORDS.

Après la conquête des Normands, tous les nobles prirent le titre de baron[1]. Les barons se divisèrent bientôt en deux classes : *barones majores*, ceux que le roi appela à son conseil, *pares curiæ regis; barones minores*, ceux que le roi n'appela pas à son conseil, mais qu'il fit convoquer et réunir en assemblée par les sheriffs, et qui devinrent les *knights of shire*, chevaliers ou représentants du comté. — Le titre de baron était attaché à la possession d'un fief tenu du roi. Les évêques eux-mêmes n'étaient lords qu'à ce titre.

1. Dans le langage héraldique des Anglais, sont nobles toutes les familles qui ont droit à des armoiries. *Nobiles sunt qui arma gentilicæ antecessorum suorum proferre possunt*, dit Edward Coke. — Mais dans le sens légal, les nobles sont les pairs seuls. — Les enfants des pairs, les aînés eux-mêmes, bien que beaucoup d'entre eux portent des titres de marquis, *earls, viscounts* ou lords, sont des *commoners* ou roturiers. — Dryden appelle l'aristocratie la porcelaine de l'humanité.

Le clergé formait autrefois en Angleterre presque un ordre distinct, qui avait ses assemblées particulières, *convocations*, et qui s'imposait lui-même. Les prélats de la Chambre des lords sont depuis longtemps devenus les seuls représentants du clergé, dont les *convocations* n'ont plus lieu que pour la forme. — Réunies à l'ouverture de chaque Parlement, elles sont prorogées immédiatement après avoir voté une adresse au trône.

Avant la réforme de Henri VIII, les pairs ecclésiastiques étaient plus nombreux que les laïques; après la réforme, il ne resta plus comme pairs que des archevêques et des évêques; la suppression des monastères fit disparaître en une seule fois de la Chambre des lords vingt-sept abbés et deux prieurs. — Il y a trente lords spirituels qui se divisent actuellement ainsi : deux archevêques et vingt-quatre évêques, pairs d'Angleterre et membres à vie de la Chambre des lords, en vertu d'un droit inhérent à leur siége épiscopal; un archevêque et trois évêques, pairs d'Irlande, qui siégent *by rotation*, à tour de rôle, conformément à l'acte d'union. Quant à l'Écosse, elle n'a pas d'évêques, le maintien de l'Église presbytérienne ayant été garanti par l'acte d'union. Les lords spirituels, comme les lords temporels, sont aujourd'hui encore supposés *tenir* d'anciennes baronnies royales. — Bien que distingués dans les actes du Parlement, ils ne forment pas deux ordres, mais siégent et votent ensemble. Toutefois les lords spirituels, dans le sens strict du mot, ne sont pas pairs du royaume.

Le nombre des pairs temporels — qui n'est limité par aucun statut — était de cinquante-trois en 1454. Réduit à vingt-neuf au premier Parlement de Henry VII, après la guerre des Roses, dans laquelle la noblesse anglaise avait été si cruellement décimée, il était de cinquante à soixante au seizième siècle, de près de cent sous Jacques Ier, d'environ cent vingt sous Charles Ier, de cent trente-neuf à la Restauration. — Il s'élève aujourd'hui à quatre cent cinquante environ.

Les pairs temporels se divisent en pairs d'Angleterre, d'Écosse et d'Irlande. Tous les pairs d'Angleterre siégent à la Chambre des lords. Ils étaient, en 1851, au nombre de trois cent soixante-dix-neuf. Ceux qui y siégent pour l'Écosse et l'Irlande siégent par représentation de leurs pairs, par lesquels ils sont élus. Les seize pairs d'Écosse sont élus pour un parlement seulement, c'est-à-dire pour sept ans dans l'ordre ordinaire des choses. La manière de procéder à leur élection est réglée par le statut VI d'Anne, c. 23, et par les statuts 2 et 3 W. IV, c. 63.— Les vingt-huit pairs d'Irlande sont élus à vie. Leur élection est réglée par l'acte d'union lui-même (St. 39 et 40, G. III, c. 67).—Autrefois les juges des trois cours supérieures du royaume, ainsi que les membres du conseil privé, faisaient toujours partie de la Chambre des lords. — Il ne faut pas oublier non plus onze pairesses (*peeresses in their own right*), dont la plus ancienne est la baronne Zoe Despencer, création 1264, et la dernière la duchesse d'Inverness, création 1840; elles ont, en certaines occasions, un siége à la Chambre des lords.

La plupart des noms de pairs sont normands, peu sont bretons ou saxons. Les familles de la pairie ne sont pas des plus anciennes. Grimaldi, le savant auteur des *Origines genealogicæ*, a examiné la liste des pairs de 1828, et a trouvé que trente-cinq seulement faisaient remonter leur origine avant la conquête et cent soixante avant l'an 1600. Le pair dont la création remonte le plus haut est le baron de Ros, dit premier baron d'Angleterre, créé en 1264. Quatre autres barons appartiennent au treizième siècle, trois au quatorzième, un duc, trois comtes et six barons au quinzième. Le nombre de ceux qui appartiennent au seizième et au dix-septième siècle n'est pas non plus considérable. Le plus grand nombre est du dix-huitième et du dix-neuvième siècle. — Il est des pairs qui siégent comme pairs d'Angleterre sous un titre différent de celui sous lequel ils sont ordinairement désignés. Cela tient à ce qu'ils sont à la fois pairs d'Angleterre et d'Écosse, ou d'Irlande. Ainsi lord Aberdeen est comte Aberdeen en Écosse, mais siége à la Chambre des lords comme pair d'Angleterre, avec rang et sous le titre de *vicomte Gordon*. (C'est en 1814 que lord Aberdeen, alors pair d'Écosse, fut nommé pair d'Angleterre, pour récompenser la distinction avec laquelle, à l'âge de vingt-huit ans, il avait représenté l'Angleterre aux conférences de Tœplitz et au congrès de Vienne.) De même le marquis de Clanricarde, marquis dans la pairie d'Irlande, siége comme baron Somerhill. Au contraire, lord Charlemont, bien que simple baron en Angleterre, siége comme comte à la Chambre des lords, parce qu'il est comte dans la pairie d'Irlande, et qu'il est pair élu d'Irlande.

La préséance parmi les pairs se règle d'après les titres. Les princes du sang d'abord, puis les ducs, les marquis, les comtes, les vicomtes et enfin les barons. Parmi ceux qui portent le même titre, le rang se règle d'après la date de la création de la pairie, les pairs d'Écosse et d'Irlande ne prenant rang toutefois qu'à la date des unions, quelque ancien que puisse être leur titre. L'archevêque de Canterbury passe immédiatement après le plus jeune des princes, et après lui les archevêques d'York et d'Armagh. Le lord chancelier prend place avant le dernier nommé de ces deux prélats. Quant aux évêques, ceux de Londres, de Durham et de Winchester ont la préséance en vertu de leurs siéges ; les autres suivent d'après la date de leur consécration. — Un pair ne peut être dégradé que par acte du Parlement, et il n'y en a qu'un seul exemple, celui de George Neville, duc de Bedford, dégradé sous Édouard IV *à raison de son extréme pauvreté.*

C'est dans la Chambre des lords que le souverain ouvre, en personne ou par délégation, la session du Parlement. La convocation se fait par un *writ*, délivré en chancellerie, et doit avoir lieu au moins quarante jours avant le commencement de la session. Ce délai, établi par la grande charte, est consacré par les statuts 7 et 8 W. II, c. 25. Depuis l'Union avec l'Écosse, l'usage a été d'étendre ce délai à cinquante jours. — Deux statuts d'Édouard III portent que le Parlement se réunira tous les ans, ou plus souvent si besoin est. Malgré des dispositions contradictoires prises postérieurement, la nécessité de faire voter chaque année les impôts et le recrutement de l'armée a rendu obligatoire la réunion annuelle du Parlement. D'après les statuts 7 et 8 W. III, c. 15 ; 6, A., c. 7, s. 6 ; 37 G. III, c. 127, s'il n'existe pas de Parlement au décès du roi, l'ancien Parlement est rappelé et doit siéger pendant six mois, à moins qu'il ne soit dissous par le nouveau souverain.

La Chambre des lords est, en dernier ressort, la cour d'appel de toutes les causes civiles ou criminelles. C'est devant elle que doivent comparaître les ministres et les membres même de la Chambre des communes, que cette chambre a décrétés d'accusation. Autrefois, les quinze juges des trois grandes cours faisaient toujours partie de la Chambre des lords ; mais aujourd'hui, ils n'y siégent que lorsque la Chambre s'est transformée en cour de justice, afin de l'éclairer sur les points de droit.

La minorité de la Chambre des *lords* a le droit (que n'ont pas les Communes) de protester contre une décision de la majorité de la chambre et de publier sa protestation.

Les calomnies contre les pairs d'Angleterre sont punies beaucoup plus sévèrement que celles qui sont dirigées contre de simples citoyens; la loi les qualifie de *scandalum magnatum*. En justice, un pair ne prête serment que dans les causes criminelles ; dans les causes civiles, le serment ne peut lui être déféré et il ne témoigne que sur *son honneur*. — Les pairs d'Angleterre non-seulement ne sont jugés que par leurs pairs, mais ne peuvent être arrêtés en matière civile. — Les pairesses ont le même privilége.

L'organisation intérieure de la Chambre des lords est exactement la même que celle de la Chambre des communes. Aussi n'a-t-elle ni vice-présidents ni secrétaires [1]. Le président (le lord grand chancelier [2]), outre ses deux traitements

1. La Chambre des lords est divisée de telle façon que chaque catégorie de pairs ait sa place particulière. — Les évêques, les ducs, les marquis, les comtes, les vicomtes, les barons ont leurs bancs particuliers. La dimension de la fourrure d'hermine qui borde leur robe rouge indique le titre plus ou moins élevé des pairs d'Angleterre. Une pairesse de son propre droit, dont le mari n'est point pair, conserve néanmoins son titre et le transmet même à ses enfants.

2. Le président de la Chambre des lords est assis sur le fameux sac

qui sont très-élevés (V. p. 257), perçoit un droit de dix guinées (240 fr.) sur chaque bill d'intérêt privé.

Il n'est pas inutile de rappeler à ce sujet qu'en France, les lois concernant les particuliers, ne sont pas plus que la justice, soumises à la moindre redevance; mais en Angleterre, où tout se paye et se paye très-cher, on perçoit des droits considérables pour tous les bills d'intérêt privé. Pour le dépôt d'un bill dans les bureaux du Parlement, on donne cinq livres (125 fr.); cinq livres par jour de travail, au rapporteur du bill; cinq livres pour sa présentation à la Chambre. Le rapport de la commission se paye, ainsi que chacune des trois lectures, quinze livres (375 fr.) au minimum; et si la somme indiquée sur le bill est de 5,000 livres (1,250,000 fr.), la taxe est double; elle est triple lorsqu'il s'agit de cent mille livres sterling, et elle augmente dans les mêmes proportions pour chaque somme de cinquante mille livres. — La comparution personnelle des parties devant la commission se paye cinq livres par séance, et dix livres si la partie intéressée se fait représenter par un avocat. — Enfin on exige des opposants au bill : une livre (25 fr) pour le dépôt de leur mémoire, deux livres pour la présentation de leur pétition, trois livres pour leur comparution devant la commission, et cinq livres lorsqu'ils s'y font représenter. Que ne dirait-on pas si de pareils abus existaient en France!

de laine, *wool sack*, qui est une sorte de symbole. Ce sac de laine est maintenant un grand carreau de laine rouge sans dossier où se trouve déposée la masse d'armes. Le sac de laine est placé devant le trône de la Reine. — Le lord grand chancelier porte, comme le président de la Chambre des communes, une robe et une longue *perruque poudrée*. A son entrée en fonction, il reçoit mille livres sterling pour frais d'installation et 35,000 francs pour achat d'argenterie. — Le lord chancelier actuel, sir Henry Bethell, n'est pas pair.

Pensions des pairs d'Angleterre.

Les pairs d'Angleterre possédant presque tous d'énormes revenus, conséquence de la constitution de la pairie et de l'existence du droit d'aînesse qui choque trop nos instincts égalitaires pour qu'on puisse jamais songer à le rétablir ici, n'ont point de dotation fixe comme les sénateurs. Mais un grand nombre d'entre eux touchent, sous divers prétextes, des pensions dont le chiffre ne serait certainement point admis en France par la commission du budget [1]. En voici quelques exemples :

Le roi des Belges reçoit	1,250,000 fr.
Le duc de Grafton	298,650
Lord Ellenborough	218,600
Lord Elgin	175,000
Le comte de Westmoreland	149,075
Lord Brougham	125,000

1. La plupart de ces pensions sont inscrites sur le *fonds consolidé*, mais quelques-uns des titulaires ne touchent qu'une portion de leur pension sur ce fonds, et le reste sur le budget particulier de l'Inde.

Lord Lyndhurst......................   125,000 fr.
Lord Cranworth   125,000
Lord Saint Leonard....................   125,000
Lord Chelmsford.......................   125,000
Le comte et la comtesse Nelson.........   125,000
Lord Hardinge (simple colonel)..........   113,000
Le comte Cathcart (*idem*)   105,075
Le vicomte Avonmore..................   104,975
Lord Combermere (colonel)............   102,900
Le duc de Wellington   100,000
Le duc de Marlborough, le vicomte Can-
    terbury et le vicomte Eversley.........   100,000
Lord Beresford (colonel)................   99,550
Lord Wynford.........................   93,750
Lord Fitz Roy Somerset (colonel).......   93,375
Marquis de Tweddale..................   90,350
Lord Keane (colonel)..................   88,475
Lord Seaton (*idem*)....................   87,700
Lord Falkland et lord Harris............   87,500
Lord Abercromby, lord Bexley, comte Am-
    herst, vicomte Canning, lord Colchester
    et vicomte Saint-Vincent.................   75,000
Le comte de Camperdown..............   74,925
Le duc de Manchester.................   73,200
Le vicomte Melville...................   71,300
Le comte de Roden....................   67,500
Lord Rodney.........................   73,500
Lord Aylmer.........................   52,625
Lord Gough, lord Dunfermline, lord Auc-
    kland, lord Exmouth, lord Glenelg, le
    comte Nelson, le vicomte Lake, le comte

> d'Athlone, lord Monteagle, lord et lady
> Raglan reçoivent chacun............   50,000 fr.

Il serait trop **long** d'énumérer les lords dont les pensions sont au-dessous de cette somme. Mais je ne puis résister au désir de citer encore quelques chiffres qui ont également trait à la Chambre des lords : je veux parler des revenus des évêques.

L'archevêque de Canterbury perçoit en
   moyenne ....   650,000 fr.
Celui d'York...........................   525,000
Les évêques : de Londres..............   350,000
          de Winchester...........   300,000
          de Salisbury............   320,000
          de Norwich.   200,000
          de Chichester...........   160,000
          de Saint-Asaph..........   200,000
          de Bangor...............   180,000
          de Worcester............   110,000
          de Peterborough.........   100,000
          de Bristol   130,000
          d'Hereford..............   150,000
          de Ripon................   115,000
          de Lichfield   230,000

Et tous les autres dans la même proportion.

Ce n'est là, au surplus, que la portion des émoluments *légaux* des évêques. Mais un document fourni à la Chambre des communes, en 1849 (séance du 4 avril), a établi que l'évêque de Durham, dont les revenus ne devaient pas dépasser 200,000 fr., avait reçu dans une seule année

925,000 fr., et une autre année 650,000 fr. — L'archevêque de Salisbury a touché 425,000 francs en 1845 [1].

La liste des pensions militaires et des pensions civiles faites, en Angleterre, aux personnes qui ne font pas partie de la Chambre des lords, ne serait pas moins instructive; elle pourrait être utilement opposée au chiffre des pensions inscrites au budget français, qui ne dépasse jamais SIX MILLE FRANCS [2].

---

1. Le nombre des évêques d'Angleterre et du pays de Galles est de vingt-six; mais 24 seulement ont le droit de voter à la Chambre des lords. Celui de Sodor et de Man y siége, mais n'y vote pas; et à l'exception des évêques de Londres, de Durham et de Winchester, le dernier nommé des évêques n'a pas le droit d'y siéger.

2. Sir John Granville a une pension de 4,000 liv. st. (100,000 fr.); sir James Wigram, ancien vice-chancelier, sir Thomas Erskine, ancien juge des plaids communs, sir John Taylor Coleridge et sir J. Patteson, anciens juges du banc de la Reine, en ont chacun une de 37,500 fr.; sir Philipps Crampton, reçoit 55,575 fr.; sir Georges Henry Seymour et sir Richard Pakenham ont chacun 32,500 fr.; lady Havelock, sir Havelock, sir W. Bart et le contre-amiral Hamilton, 25,000 fr.; Joseph Napier et Francis Blackburn, 92,300 fr.; John Penn, 100,000 fr.; Benjamin Disraéli, 50,000 fr. etc., etc. — Il est à remarquer que presque toutes ces pensions se transmettent héréditairement.

FIN.

ABRÉVIATIONS.

C.   Constitution.
D.O.   Décret organique.
D.I.   Décret impérial.
S.-C.   Sénatus-consulte.
R.   Règlement.
R.I.   Règlement intérieur.
R.B.   (Reform bill) acte de réforme.
St.   Statut.
s.   Section.
c.   Chapitre.
A.   Anne.
Car.   Carolus (Charles).
E.   Élisabeth.
Ed.   Édouard.
G.   Georges.
H.   Henry.
V.   Victoria.
W.   William (Guillaume).
V.p.   Voyez page.
N.   Note.
£ ou liv. st. livre sterling.
Sch.   schilling.
D.   denier.

TABLE ANALYTIQUE

DES MATIÈRES.

INTRODUCTION HISTORIQUE.

I. But de cette introduction. — Première invasion de la
Gaule et de la Bretagne par les Romains. — Les Gaëls ou
Gaulois. — La même race se retrouve dans les deux pays, avec
des mœurs différentes. — Pourquoi? — Institutions de la Gaule
romaine avant l'invasion des Barbares. — Division de la Préfecture des Gaules en trois diocèses. — Les provinces, les cités ou
cantons. — Leur administration politique et civile. — La cité.
— Son organisation différente en Bretagne et dans les Gaules. —
Système mixte. La curie. — Partout la cité s'administre elle-
même en toute liberté. — Relations de la cité avec les officiers
de l'Empire romain. — Transformation des institutions. — Les
curiales. — Décadence des cités. — Le défenseur de la cité. —
Sa juridiction. — Les fonctions de défenseur de la cité conférées
aux évèques. — Organisation des corporations. — Invasion de
l'Empire romain par les Barbares. — Les Germains. — Leurs

AVANT-PROPOS.

PREMIÈRE LETTRE.

L'EMPEREUR , LES MINISTRES.

DEUXIÈME LETTRE.
LE CONSEIL D'ÉTAT.

Ses développements successifs en France. — Énumération des édits, lois, ordonnances et décrets qui, depuis 1644 jusqu'en 1864, se sont occupés du conseil d'État. — Son rôle considérable sous le second Empire. — Sa composition. — Le traitement des membres du conseil d'État. — Inconstitutionnalité des divers décrets modifiant le décret organique de 1852. — Incompatibilités. — Division du conseil d'État en sections. — Travaux des sections. — Quelles sont les affaires portées à l'assemblée générale. — Rapports indirects du comité judiciaire (*judicial committee*) du *Privy Council*, avec la section du contentieux. — Attributions politiques du conseil d'État. — Son droit direct et absolu de rejeter les amendements du Corps législatif. — Ses attributions comme tribunal administratif. — Le tribunal des conflits. — Le contentieux administratif. — La Commission spéciale des pétitions. — En droit, l'opinion du conseil d'État n'est que consultative. — La critique des actes d'un gouvernement n'a d'inconvénients que par la publicité. — Améliorations à introduire dans quelques-uns des rouages du conseil d'État. — Distribution anomale de ses travaux. — Le service ordinaire. — Pourquoi deux classes de maîtres des requêtes ? — Organisation plus rationnelle de la Cour des comptes. — Les auditeurs. — Insuffisance des concours. — Ce que devraient être les auditeurs. — Décrets du 25 novembre 1853 et 7 septembre 1863. — Le service hors section et le service extraordinaire. — Pourquoi un service hors section et un service extraordinaire ? — La théorie et la pratique. — Inconvénients du service hors section. — Sa suppression serait désirable. — Le secrétaires généraux et les directeurs généraux conseillers d'État. — Dérogation aux principes posés par le décret organique. — Introduction du préfet de la Seine dans le sein du conseil d'État. — Les ministres sont membres de droit du conseil d'État. — L'inamovibilité sous le premier Empire. — Dangers de l'inamovibilité. — Les conseillers d'État ne peuvent être en même temps ni députés, ni sénateurs. — Le conseil

TROISIÈME LETTRE.

LE CORPS LÉGISLATIF.

QUATRIÈME LETTRE.

LE SÉNAT.

APPENDICE.

FIN DE LA TABLE.

PARIS. — IMPRIMERIE GÉNÉRALE DE CH. LAHURE
Rue de Fleurus, 9